Susanne Mackwitz-Böhm · Als letztes stirbt die Hoffnung

Susanne Mackwitz-Böhm

Als letztes stirbt die Hoffnung

Lisas kurzes großes Leben

Mit einem Vorwort von
Bärbel Bertram

und einem Nachwort von
Pfarrer Manfred Knieper

Attempto Verlag

Ich widme dieses Buch Lisa,
auch Sarah und Ann-Kathrin
sowie Stephan, meinem Mann,
und meinen Eltern, Hanna und Willi Mackwitz.

Vorwort

»Mama, wenn ich dann zum lieben Gott komme, so fragt er mich: Lisa, wo bist du so lange gewesen?«

Dies ist das Zitat eines kleinen, dreieinhalbjährigen Mädchens, eben der Lisa, die in einem kleinen gemütlichen Häuschen eines Dorfes vor dem Vogelsberg nicht ganz vier glückliche und auch leidvolle Jahre mit ihren Eltern und ihrer älteren Schwester, Sarah, verbringen durfte.

Susanne und Stephan hatten vor Jahren das Haus erworben, es mit alten Möbeln bestückt, einen Kachelofen gemauert, in dem auch Spielsachen und kleiner »Schnickschnack«, an dem sich die Kinder freuten, mit eingearbeitet war. Alles in allem war es ein gemütliches Haus mit niedrigen, kleinen Räumen, das zum Ausruhen einlud. Familie Böhm zog dort ihre Kinder groß und freute sich, ein solches »Nest« sein eigen zu nennen. Um das Haus herum war ein Garten, in dem alles wuchs, was man sich so denken konnte. Hier und da merkte man eine ordnende Hand. Auf einem kleinen Rasenstück, auf dem an warmen Sommerabenden gegrillt wurde, stand eine Hundehütte. Sie gehörte einem mittelgroßen, zotteligen Mischlingshund namens Samson, Böhms Hund. Vom Eßzimmer aus konnte man Sonne, Mond und Sterne beobachten, die Kinder im Garten spielen sehen und ein Auge auf den Hund werfen. Samson hatte, wie alle Familienmitglieder, seine Eigenheiten; er knappte gern einmal, egal ob jung oder alt. Die Haustüre stand den ganzen Tag offen, und jeder war herzlich willkommen.

Susanne war eine liebevolle Mutter, Stephan ein verträumter großer Junge, Prestige war für beide ein Fremdwort, sie liebten die Natur, ihre Kinder und das Leben. Kinder nahmen sie als Geschenk, jedes in seiner Einmaligkeit, unterschieden im Aussehen, Intellekt, in Empfindsamkeit, Vorstellung und noch vielem anderen.

Jedem ist sein Lebensweg vorgeschrieben mit allen glücklichen und leidvollen Erfahrungen. Wir als Eltern können unsere Kinder begleiten, ihnen Hilfestellung geben, ihnen immer wieder Mut machen, sie hinführen zu den schönen Dingen des Lebens, damit sie auch die schlechten Erfahrungen überstehen können. Vor allen Dingen braucht ein Kind das Gefühl, ohne jede Einschränkung geliebt zu werden, egal wie es denn ausgefallen ist. Ich glaube, nur so können wir unseren »kleinen Geistern« Geborgenheit vermitteln in einer eher kalten Zeit.

Diese Einstellung hatten und haben im besonderen Maße auch Susanne und Stephan. Nur so konnten sie den Lebensweg, der ihrer kleinen Lisa bestimmt war, mit ihr gemeinsam gehen. Dazu kommt noch ein tiefes Vertrauen in unseren Schöpfer, der uns neue Kraft gibt, wenn wir aufgeben wollen. Lisa hatte insbesondere von der Kraft, aus der ihre Mutter schöpfte, immer wieder erfahren. Sie war ein kleines, pausbäckiges, blondes Mädchen mit ganz eigenen Vorstellungen.

Ich lernte sie und ihre Mutter in der Kinderarztpraxis meines Mannes kennen. Eines Tages kamen sie, weil es Lisa schlecht ging. Da die Mutter nachtblind ist, mußten sie vor Einbruch der Dunkelheit wieder zu Hause sein. Alles das kann man einrichten. Nur auf eine solche Erkrankung hat der Mensch, selbst ein Arzt, eigentlich keinen Einfluß. Das Ausmaß und der Ausgang waren niemandem wirklich bewußt. Es folgte eine lange Zeit des Hoffens und Bangens. Selbst mein Mann hatte Hoffnung, daß sich alles zum Guten wenden könne. In diesen schweren Tagen schrieb Susanne einen Brief an meinen Mann, den er mit nach Hause brachte. Er war erstaunt und überrascht in jeder Weise:

Frankfurt, 7. 12. 1992

Sehr geehrter Herr Dr. Bertram,

Ich möchte mich bei Ihnen für die lieben Grüße bedanken, die Sie telefonisch nach Frankfurt durchgegeben haben. Zudem möchte ich mich bei Ihnen für die vergangenen sechs Jahre Ihrer fürsorglichen Betreuung bedanken. Ich habe mich noch nie bei einem Kinderarzt so sicher und wohl gefühlt wie bei Ihnen.

Lieber Herr Bertram, leider hat uns das Schicksal hart getroffen, ich fühle mich leer und ausgepumpt. Meine Zweifel an mir habe ich noch etwas, aber ich glaube auch, daß ich für meine Kinder alles tue, alles tun werde, um sie glücklich und, soweit es in meiner Macht steht, gesund zu erhalten. Ich habe nie geglaubt, daß unserer Familie so etwas passieren könnte. Ich dachte, ich sei durch meinen Morbus Bechterew genug gestraft, aber das Leben lehrt uns anderes.

Dem Lieschen geht es nun etwas besser. Sie lacht zwischendurch auch schon einmal kurz – und lacht trotz der vielen Untersuchungen, die sie tapfer über sich ergehen läßt. Ich bin stolz, solche Kinder zu haben.

Lisa hat Blut bekommen und Antibiotika. Eventuell wird sie diese Woche noch am Tumor operiert, aber er sitzt nicht sehr günstig. Heute wurde eine Computertomographie vom Skelett gemacht und morgen folgt noch eine vom Knochenmark. Wenn die Untersuchungen in zehn Tagen alle abgeschlossen sind, fangen sie mit der Chemotherapie an. Ich hoffe nur, daß Lisa alles überlebt, es ist ja noch so ein kleiner Mensch – und sie hat noch so eine große Welt vor sich.

Ich bin mir sicher, hier in den besten Händen zu sein, die Ärzte, Schwestern, Psychologen, Sozialpädagogen und viele mehr kümmern sich ganz toll und lieb um uns. Ich habe so etwas noch nie in einem Krankenhaus erlebt. Sie sind immer für uns da und nehmen mich auch in die Arme, wenn es not tut. Trotzdem wünsche ich mir, irgendwann aufzuwachen – und alles war nur ein böser Traum. Wir können es noch nicht verstehen.

Herr Dr. Bertram, nochmals vielen Dank für alles, wir melden uns wieder. Wir wünschen Ihnen ein gesundes und frohes Weihnachtsfest und alles Liebe und Gute für Sie und Ihre Familie,

Ihre Familie Böhm

Ab diesem Brief war unser Leben fest mit dem von Susanne und ihrer Familie verknüpft. Wir lernten Susanne näher kennen. Sie lachte, wenn es Lisa gut ging, weinte, wenn nichts mehr gehen wollte, und schrieb Gedichte mit großer innerer Substanz.

Als dann die letzte, ganz schlimme Zeit kam, fragte Susanne meinen Mann, ob er Lisa versorgen würde. Er sagte zu und so fuhr er jeden Tag einmal zu Lisa. Eines Tages fuhr ich dann auch mit. Ich wußte, daß ich mich ganz in diese schwierige und traurige Situation einbringen würde. Ich wollte helfen, nur wie? Bald wußte ich es. Einfach zuhören, antworten und da sein. Susanne wußte genau, was Lisa brauchte, war sie doch ein Teil von ihr. Sie hatte sie nie angelogen, und ich hatte den Eindruck, daß beide den letzten Lebensabschnitt in Würde bestehen wollten.

Nun lernte ich auch Stephan kennen. Auch er brachte sich nach Kräften ein, um es Lisa und Susanne so angenehm wie möglich zu machen. Oft kochte er etwas, und so war auch Susanne gezwungen, eine Kleinigkeit zu essen. Es gab Tage, da unterhielten wir uns, die Eltern erzählten von Lisa und Sarah, wir hörten zu. Wenn Lisa etwas nicht gefiel, äußerte sie sich sofort, denn sie war immer bei uns. Dann wieder saßen wir schweigend beieinander. Jeder hatte seine

Gedanken. Uns verband das Gefühl des Verstandenwerdens ohne viele Worte.

So ist in dieser kurzen Zeit eine Freundschaft gewachsen, die wohl von Bestand ist. Lisa ist nicht von uns gegangen, sie ist das Bindeglied zwischen uns geblieben. Sie ist allgegenwärtig, nur ihren kleinen Körper haben wir begraben. Und wenn wir einen Fischreiher sehen, brauchen wir uns nur anzuschauen – Worte sind nicht immer wichtig.

Bärbel Bertram

Wenn der Fischreiher fliegt,
sagt sie:

»Ich liebe dich«.

I

Ich wurde 1964 als eines von sechs Kindern geboren. Ich war das einzige Mädchen, was aber in den ersten 14 Jahren kaum einer bemerkte, außer denen, die mich näher kannten. Es machte mir nicht viel aus, denn eigentlich wollte ich gar kein Mädchen sein. In meinen Augen waren Mädchen zickig, albern, falsch, und hatten doch, irgendwie, in meinen Gedanken immer etwas mit Gänsen gemein. Zum Leidwesen meiner Mutter wollte ich weder stricken noch häkeln, sticken oder kochen. So nahm ich in der Schule auch am Werkunterricht teil, da ich meiner Meinung nach dort etwas schaffen konnte, was man auch wirklich gebrauchen konnte.

Eigensinn war wohl eine meiner ganz besonderen Eigenschaften, was auch meine Brüder oft zu spüren bekamen, ich kämpfte um alles und jeden, auch wenn ich es eigentlich gar nicht mußte, aber es war mir eine Genugtuung, nichts umsonst bekommen zu haben.

Meine Kindheit war in meinen Augen schön, aber auch lehrreich, manchmal hatte ich ein schlechtes Gewissen, wenn ich sehr viel lachte. In so einem Augenblick mußte ich dann immer an einen Mann denken, den ich eines Tages auf meinem Schulweg traf. Er begleitete mich ein Stück, und ich lachte wieder laut und lange, dann sagte er: »Ich wünsche dir, mein Kind, daß du die Tränen, die du in deiner Kindheit lachst, als Erwachsene nie weinen mußt.«

Als ich im achten Schuljahr meine dritte Ehrenrunde drehte, bekam ich wieder ein schlechtes Gewissen meiner Familie gegenüber, hatten meine Mutter und mein Vater doch gehofft, daß ich in die

Fußstapfen meiner Brüder träte, von denen nämlich jeder »etwas geworden« ist. So beschloß ich, meine Faulheit abzulegen und die »Mittlere Reife« zu machen, was ich auch tat. In der Berufsfachschule für Metall lernte ich schweißen, fräsen, hobeln und überhaupt die Geschicklichkeit, mit Werkzeug umzugehen, worauf ich bis heute noch stolz bin. Vor allem dann, wenn unser alter Nachbar, der Spengler von Beruf war, mich ab und zu fragte, ob ich ihm beim Schweißen helfen könnte.

Als ich ungefähr 17 Jahre alt war, begann ich eine Lehre als Tankwartin, die ich nach einem Jahr aufgrund einer Allergie abbrechen mußte, danach holte mich mein ältester Bruder in seine Fabrik nach Baden-Württemberg, eine Wirkerei; ich verließ die Fabrik nach einem Jahr und ging wieder nach Hause. Die Sehnsucht, das Heimweh war groß, und wohl fühlte ich mich dort nicht. Wieder zu Hause lernte ich Gärtnerin mit aller Leidenschaft für das Leben der Pflanzen. Manchmal umarmte ich die Bäume und entschuldigte mich bei ihnen, weil wir ihnen die Äste für Allerheiligen abhackten und weil ich keine Zeit hatte, die Wunden zu versorgen.

Mit Männern nahm ich es nicht ganz so genau, was gut war und gefiel, das durfte es auch sein. Ich war immer noch sehr lustig und durch meine tollpatschige Art kam ich immer in Situationen, die zur Belustigung meiner Mitmenschen beitrugen, daran hat sich bis heute nicht viel geändert.

Manchmal war es schon sehr interessant, was mir so alles passierte. Einmal erklärte ich meiner Mutter, daß ich unbedingt schwarze Klogs bräuchte, weil eben alle sie hatten. Nach einigen Widersprüchen tat sie mir den Gefallen, nicht ohne zu betonen, daß ich mir ja schon fünfmal das Bein gebrochen hätte und wohl jeder dächte, wenn er das Geräusch meiner Klogs hörte, es käme ein Pferd. Im Kaufhaus, im Sommerschlußverkauf, fand ich sofort ein für mich besonders schönes Paar. Nun, ich probierte es an und fiel der Länge nach auf die Nase. Alle drehten sich um und lachten – wie konnte ich auch ahnen, daß die Schuhe noch zusammengebunden waren.

Geweint hatte ich bis dahin auch schon viel; nach jeder verlorenen Liebe kam das Selbstmitleid, und meine größte Schwäche war und ist wohl meine Sensibilität.

Einer meiner Brüder sagte mal zu mir, ich wäre ein Samariter – und ein Samariter wäre ein armer Ritter und würde auch immer einer bleiben. Heute bin ich stolz darauf, denn davon haben wir sowieso zu wenige.

Vielleicht hat es mich auch geprägt, daß ich meine Oma vier Jahre gepflegt habe, weil ich die einzige war, die mit ihr zurechtkam, und weil ich sie trotz ihrer Verworrenheit so genommen habe, wie sie war. Gedankt hat Oma mir nie, aber sie hat auch nicht gegen mich gesprochen.

Ich habe sie jeden Morgen gewaschen und jeden Abend gebadet und ihr die Haare gewaschen, was gar nicht so einfach war. Wenn ich fertig war, sagte sie immer: »Schönen Dank fürs Schinden«. Damals war ich acht Jahre alt. Als ich zwölf Jahre alt war, ist sie gestorben.

Mein Opa starb schon einige Jahre vor ihr, er war sehr gut zu mir. An zwei Dinge in seinem Leben muß ich immer denken; einmal, als er im Krankenhaus lag und das Ende nahe war, verlangte er nach einem Pfirsich. Die Schwester sagte, das ginge nicht, er habe Zucker. Heute wünschte ich, ich hätte ihm einen zugesteckt, aber ich tat es aus Furcht vor der Krankenschwester nicht. Das zweite Mal war – dazu muß man wissen, daß mein Opa sehr eigen war, er hatte sein eigenes Besteck und seine eigene Tasse, sogar Oma durfte nicht aus ihr trinken –, als er im Sterben lag, konnte er sich noch nicht mal alleine die Nase putzen: Ich glaube, das war sein größter Schmerz, auf andere angewiesen zu sein. Es sollten diese Eindrücke später in meinem Leben sehr wichtig sein.

Mit 19 machte ich den Führerschein. Mit Hilfe meines Vaters kaufte ich einen alten blauen Käfer, den ich liebevoll »Käferli« nannte, er war ein Freund. Nur als ich ihn das erste Mal zündete und er nicht ansprang, verfluchte ich ihn und mit ihm meinen Führerschein, den ich immerhin fünfmal machen mußte. Zum Entsetzen aller bin ich zweimal in Theorie und zweimal beim Fahren, in der praktischen Prüfung durchgefallen. Nur zu meinem Ehrgeiz und meinem Stolz hatte ich es ein fünftes Mal probiert; der Idiotentest war also gar nicht so weit . . .

Nun kam die Zeit, in der ich die Liebe etwas ernster nahm. Ich arbeitete in der Gärtnerei, am Wochenende jobbte ich in der Tankstelle und abends hatte ich fünf Pferde in Pflege. Ich dachte, so könnte ich den männlichen Wesen entfliehen. Mein Leben bestand aus Arbeiten, Schlafen, Essen, und ich zog mich in mich zurück.

Nach einem Jahr ging ich wieder einmal in meine Stammkneipe und trank reichlich. Leicht schwankend sah ich einen Schulkollegen, doch der interessierte mich wenig, um so mehr jedoch seine Begleitung. Als ich eine Bekannte fragte, wer diese Begleitung sei, sagte sie: »An den kommst du nicht dran, der ist ganz seltsam.« Na, dachte ich, das wollen wir ja mal sehen. Ich setzte mich zu dem Schulfreund, den ich im übrigen gar nicht sonderlich mochte, und begann mit den beiden ein Gespräch.

Der »Begleiter« sah irgendwie ziemlich verwegen aus und hieß Stephan. Seine Schuhe machten den Eindruck, als wäre er ein Yeti. Was mich an ihm reizte, waren seine Augen und sein Mund. Irgendwie hatte er etwas Anziehendes. Er brachte mich nach Hause und übernachtete bei uns, ich schlief im Bett, er auf dem Fußboden.

Es war für mich wichtig, daß es gerade so war, hatte ich doch eine »Arbeitstherapie« hinter mir, die nicht so ganz umsonst gewesen sein sollte. Meine Eltern mochten ihn nicht, doch war mir das zu diesem Zeitpunkt auch egal; ich glaube, es war die Freiheit in seinen Augen, die mich so anzog. Als ich das erste Mal bei ihm war, dachte ich, ich traue meinen Augen nicht. Nicht nur seine Schuhe sahen aus wie von einem Yeti, sondern seine Wohnung auch. Mein Gedanke war, ich sollte uns dort ein Nest bauen, ohne daß seine Freiheit verloren geht. Denn auch schon damals war ich der Meinung, daß die Menschen nicht aus Knetgummi sind.

Um uns ein Nest bauen zu können, war es nötig, daß ich zu Hause auszog. Aber ich machte mir nichts vor, denn mir war klar, daß es gar nicht so einfach war, jedem die Freiheit zu lassen und doch eins zu sein. Unser Haus wuchs mit uns, mit unseren Gefühlen, und wir wurden alle drei eins, das Haus, Stephan und ich. Eines Tages kam dann noch »Samson«, ein Schäferhund-Mischling, den wir »Quietschel« nannten, dazu. Wir waren so einigermaßen glücklich. Stephan hat es mir oft nicht leicht gemacht, aber ich liebte ihn und liebe ihn heute noch.

II

Als wir alles hatten, was wir uns wünschten, und das war bei weitem nicht viel, war das Verlangen nach einer Familie groß. Wir wollten ein Baby, und sollte ich schwanger werden, wollten wir auch heiraten.

Im Mai 1986 war es dann soweit, wir heirateten, und im November kam unsere Tochter Sarah auf die Welt. Ein kleines, zierliches, rothaariges Wesen. Wir waren überglücklich. Als Sarah vier Monate alt war, mußte unser Paradies, was wir mit unseren eigenen Händen geschaffen hatten, etwas anderem weichen. Das war für mich und Stephan ein sehr harter Schlag, ließen wir doch viel Idealismus und ein Stück unserer Seele zurück.

Wir kauften uns ein Haus in einem kleinen Ort in der Nähe von Fulda und zogen im Mai 1987 dort ein. Wir mußten uns total umgewöhnen, lebten jetzt mitten im Ort, und ein Stück Freiheit ging uns verloren. Ich brauchte vier Jahre, bis ich es schaffte, ohne eine Träne an unserem alten Paradies vorbeizufahren. Dort waren wir frei gewesen und verstanden uns auf unsere Art. Ich weiß noch, wie ich morgens den Hirschen zusah, sie kamen bis in unseren Garten, es waren Eindrücke, die ich nie vergessen werde. Doch sollte uns erst viel später bewußt werden, was verlieren wirklich heißt.

Sarah-Anna ist ein lebenslustiges Mädchen, sie ist beliebt und voller Tatendrang. Langeweile kennt sie nicht. Sie ist immer auf der Suche nach Neuem und Unbekanntem. Wir verstehen uns gut, nicht nur als Mutter und Tochter, sondern auch als Kumpel und Freundin.

Als Sarah ungefähr ein halbes Jahr alt war, bekam ich starke Rükkenschmerzen, insbesondere nachts. Ich ging zu einem Orthopäden und ließ mich von ihm untersuchen, mein Rücken wurde geröntgt. Es bestünde ein Verdacht auf eine Knochenkrankheit, er müßte es aber genauer abklären. Dazu müßte ich in die Klinik, um dort eine Schichtaufnahme meines Rückens machen zu lassen. Er machte noch am gleichen Tag einen Termin für mich aus, und so fuhr ich in die Klinik, machte mir nun auch selbst Gedanken, warum jetzt alles so schnell gehen mußte.

In der Klinik angekommen, mußte ich gar nicht warten. Nachdem die Schichtaufnahmen zu Ende waren, sollte ich noch etwas liegen bleiben. Sie hängten die Röntgenbilder an einer Wand auf, ich konnte sie sehen.

Dann kam eine Ärztin und betrachtete sie, ging dann wortlos wieder weg. Nach einer Weile kam sie wieder, aber mit ihr kamen noch circa zehn weitere Ärzte. Jetzt bekam ich Angst. Sie sahen mich an und sahen gleich wieder weg. Eine Schwester kam und meinte, ich könnte jetzt aufstehen und mich wieder anziehen, und »nehmen Sie bitte draußen noch einmal Platz, wir rufen Sie dann.«

Nach einer halben Stunde kam die Ärztin auf mich zu, ihr Blick war ernst. »Ja«, sagte sie, »der Verdacht des Orthopäden hat sich bestätigt. Sie haben Morbus Bechterew. Es tut mir leid, und ich wünsche Ihnen für Ihre Zukunft alles Gute.«

Morbus Bechterew – habe ich nie gehört, na, so schlimm wird es wohl nicht sein. Ich fragte nicht nach und fuhr zu meinem Orthopäden zurück. – Nur, die vielen Ärzte?

Als ich dem Orthopäden die Bilder gab, meinte er: »Ist also der Verdacht bestätigt worden? Das tut mir leid.« Daraufhin fragte ich: »Was ist denn das für eine Krankheit, ich habe davon noch nie gehört?«

Er klärte mich auf: »Die Knorpel zwischen den Knochen der

Wirbelsäule verknöchern, das heißt, daß sie langsam unter starken Schmerzen versteifen. Erst steift die Wirbelsäule ein, dann kann der Halswirbel einsteifen und dann der Brustkorb. Durch Medikamente kann man die Schmerzen lindern, und durch Krankengymnastik muß man versuchen, daß sie *gerade* einsteifen und nicht krumm.«

Ich fragte: »Wie lange dauert es, bis ich steif bin?«

Er antwortete mir: »Das ist ganz unterschiedlich, aber meistens ist so mit 60 Jahren das Krankheitsbild abgeschlossen. Die Krankheit ist noch nicht genügend erforscht. Normalerweise bekommen zu 90 % Männer die Krankheit. Sie selber müssen vor allem auch auf Ihre Augen aufpassen, gerade bei Frauen kommt es vor, daß die Regenbogenhaut mit der Linse verklebt, und dann bekommt man den grünen und den grauen Star auf einmal, das heißt, Sie könnten dann unter Umständen erblinden.«

Nun, wie alt bin ich jetzt? 23 Jahre, das kann's doch nicht gewesen sein. Nein, dachte ich, ich werde kämpfen, ich muß ja nicht sterben und werde lernen, damit zu leben, ich habe doch noch so viel vor.

Rheumamittel nahm ich so lange, bis mein Magen rebellierte; und die Krankengymnastik steigerte immerhin mein Selbstgefühl, *doch* etwas tun zu können, für mich selbst; es war zwar nicht viel, aber immerhin etwas. Die Schmerzen sind ziemlich schlimm, und so brauche ich auch morgens eine halbe Stunde, bis ich in die Gänge komme, aber ich laß mir meinen Lebensmut nicht nehmen und denke immer an die vielen Menschen, denen es noch viel, viel schlechter geht als mir.

Meine Angehörigen machten sich große Sorgen um mich, vielleicht dachten sie weiter als ich. Vielleicht dachten sie, daß ich später in einem Rollstuhl sitzen würde.

Ich nicht! So bewege ich mich Tag für Tag und genieße es, das alles noch zu können. Wenn ich auch schon Bewegungseinschränkungen habe, ist doch mein Wunsch groß, nochmals ein Kind zu haben. Ein kleines Wesen, das wir lieben dürfen und das uns auf wunderbare Weise liebt: ein Geschenk.

Im Dezember 1989 wurde ich wieder schwanger, es war ein Wunschkind wie Sarah auch. 1990 im August wurde Lisa-Marie geboren, ein blondes, blauäugiges Mädchen. Sie war gesund und munter und machte die Familie so richtig mobil.

Als Lisa ungefähr acht Monate alt war, zog es meinen Mann in einen Ort, nahe bei Frankfurt, um ein altes Schloß zu restaurieren. Damit die Familie nicht auseinandergerissen würde, zogen wir alle mit. Mein Mann hatte zwischendurch den Abschluß als Maurerpolier und Industriemeister erworben und sich auf Denkmalpflege spezialisiert. Uns wurden rosa Wolken versprochen, die hoch schwebten, doch bald schwebten wir ernüchtert wieder runter: Da wir unser Haus nur vermietet hatten, konnten wir bald wieder nach Hause zurückkehren. Wir kamen uns vor wie geprügelt, freilich nicht ohne etwas von dem Märchen »Wie Mann und Frau im Essigkrug« dazugelernt zu haben. Als wir wieder zu Hause waren, blühten nicht nur unsere Kinder auf, sondern auch wir. Hatten wir doch die wohltuende Gewißheit, daß das Haus zwar klein, aber unsers ist.

Wir waren froh, wieder in der Gegenwart zu leben. Wir genossen unseren Kachelofen und sahen ein, daß unsere Möbel wirklich nur in unser Haus paßten, wir waren wieder glücklich und fühlten uns wohl und genossen den Sommer 1992 in vollen Zügen. Lisa freute sich schon auf den Kindergarten und war dort kaum mehr wegzudenken. Wenn wir Sarah abholten, ging ich schon immer etwas früher hin, damit Lisa noch einen Stuhlkreis mitmachen konnte. Wenn wir dann wieder zu Hause waren, kochten wir gemeinsam und aßen. Am Nachmittag feierten wir immer eine Teestunde, in der ich Märchen vorlas. Die Kinder und ich genossen dies sehr.

III

Im November probte Sarah eine Aufführung des Kindergartens für die Kirche. Am 11. November 1992 war es dann soweit, die Aufführung fand im Rahmen des Martinsumzuges in der Kirche statt, auch Lisa war mit Begeisterung dabei. Als wir zu Hause ankamen, wurde es Sarah schlecht, sie erbrach und war ganz blaß. Wir hatten noch einige Kinder bei uns, mit denen wir gemeinsam den Abend ausklingen lassen wollten.

Petra, die Mutter von Sarahs Freundin, fuhr uns mit Sarah zum Arzt. Der Arzt tippte auf Blinddarm und überwies uns ins Krankenhaus. Dort angekommen, wurde Sarah untersucht. Eine Schwester sagte zu mir, daß ich Sarah wohl lange nichts mehr zu essen und zu trinken gegeben hätte, aufgrund des hohen Azetongehalts, meinte sie, könne man das sehen. In mir staute sich Zorn auf über diese Behauptung, dachte ich doch, ich sei eine gute Mutter. Sarah kam an den Tropf, und wir mußten bleiben. Als Sarah am nächsten Tag über Armschmerzen klagte, gab ich der Schwester Bescheid. Die Schwester meinte, das könne nicht sein, das wäre normal, daß Kinder den Tropf so schnell wie möglich wieder weghaben wollen. Ich fand das ungeheuerlich und machte es durch meine Miene, die ich aufsetzte, auch deutlich. Als ich vom Essen kam, war der Tropf ab, und Sarah hatte einen Verband, die Flüssigkeit war nicht in die Armvene, sondern in den Arm gelaufen.

Nachdem wir fünf Tage in der Klinik waren, fragte ich mich, wie manche der Schwestern denn darauf kamen, zur Kinderkrankenschwester berufen zu sein. Am Sonntag nahm ich Sarah entnervt, gedemütigt, wieder mit nach Hause.

Am Montag fuhr ich mit Sarah zu ihrem Kinderarzt, der zwar eine Magen-Darm-Grippe feststellte, aber weder Unterernährung noch sonst irgendein makabres Verhalten meinerseits.

Der Kinderarzt sollte in unserem Leben später eine wichtige Rolle spielen, nicht nur als Arzt, sondern auch als Freund. Mit Sarah ging es schnell wieder bergauf.

Nun kam aber Lisa bald darauf mit denselben Symptomen daher, worauf ich wiederum den Kinderarzt aufsuchte; er behandelte Lisa wie Sarah gegen eine Magen-Darm-Grippe. Keiner von uns merkte, daß das Schicksal bereits an unsere Tür klopfte. Als sich Lisa nach eineinhalb Wochen immer noch nicht erholt hatte, suchten wir erneut unseren Doktor auf und baten ihn, Lisa doch einmal an den Tropf zu hängen, damit sie sich etwas aufbauen könnte, was er auch gleich tat. Danach ging es Lisa viel besser. Sie begann wieder zu lachen und schlug ihre großen blauen Augen auf, um mich anzustrahlen.

Zwei Tage später hatte ich das Gefühl, daß Lisa nachts Todesangst hatte, sie zitterte, ihr kleiner Körper bebte, ihre zarten Hände gruben sich in meinen Hals, ihre Augen flehten mich um Hilfe an. Ich rief am Morgen sofort unseren Kinderarzt an und erzählte ihm meine Eindrücke. Er meinte, ich solle unbedingt nochmals in die Praxis kommen, und ich war froh darum, denn er nahm mich und meine Angst ernst.

Ich fuhr sofort los, wir kamen gleich dran; Lisa hatte 40 °C Fieber, und ihre Augen konnten nicht mehr *sprechen*.

Ich schrieb nach der Geburt von Lisa ein Gedicht, an das ich in diesem Moment unaufhörlich dachte, als ihr kleiner Körper so auf der Liege lag:

Mein Kind

In mir entstanden,
in mir gewachsen
und von mir gekommen.
Du gingst
und nahmst einen Teil von mir mit.
Jetzt nimmt dein eigenes Leben seinen Lauf.
Meine Aufgabe, euch Kinder zu beschützen,
soll mein Werk sein.
Ich möchte versuchen,
euch auf einen Weg zu bringen,
der euch nicht die Härte des Lebens lehrt,
sondern mit der Härte des Lebens fertig zu werden.
Eine große Aufgabe für einen kleinen Menschen.

Unser Kinderarzt machte eine Ultraschallaufnahme, sein Blick war ernst und unruhig. Nach einer Weile meinte er, daß das Kind sehr krank wäre, es würde etwas Schweres auf der Niere liegen. Er verließ sichtlich betroffen und nervös den Raum. Ich dachte an die verdammten Legosteine, wie konnte sie die nur verschlucken, die Gedanken an die Legosteine bohrten sich wie Nadeln in mein Hirn, wie konnte das passieren? Und wann? Ich hütete doch meine Kinder wie meinen Augapfel.

Als ich mit Lisa zurück zur Rezeption ging, telefonierte unser Arzt; als ich kam, unterbrach er das Gespräch. Er sagte, ich müsse mit Lisa ins Krankenhaus. Mir liefen die Tränen runter, hatte ich doch schlechte Erfahrungen mit diesem Krankenhaus gemacht: gerade erst vor drei Wochen.

Im Krankenhaus angekommen, waren alle sehr nett, und wir kamen gleich dran. Lisa wurde erneut untersucht. Ich fing wieder von den Legosteinen an, der Arzt meinte plötzlich, daß sie nichts verschluckt hätte. Ich war erleichtert, mein schlechtes Gewissen, eine schlechte Mutter zu sein, löste sich in meinem Kopf allmählich auf. »Nun, was könnte denn da Schweres auf der Niere liegen?« fragte ich vorsichtig. »Alles Mögliche«, meinte der Arzt, »eventuell eine gefüllte Blase«. Ich war wieder beruhigt. Er brachte mich auf Station, ich rief meinen Vater an, daß er bitte kommen sollte.

Papa war gerade zehn Minuten da, Lisa lag regungslos in einem Bettchen, als würde sie ohnmächtig sein. Meinem Vater stand die Angst im Gesicht, hatten meine Eltern doch selber vier Kleinkinder verloren; ob er daran dachte?

Nun betraten zwei Ärzte und der Professor das Krankenzimmer. Der Professor fragte den behandelnden Arzt, ob er mir schon was gesagt hätte; der Arzt verneinte. Mein Puls hämmerte bis in meinen Kopf, ich begann zu zittern und konnte kaum mehr stehen, mein Vater hielt mich fest. »Wir können für Ihr Kind hier nichts mehr tun, Lisa hat Krebs.«

Mein Vater drehte sich weg. Es war unfaßbar, *mein Kind hat Krebs!* Was soll ich nun tun? »Sie haben vier Kliniken zur Auswahl.«

Stephan arbeitete zu der Zeit in Frankfurt, so wählte ich eine Klinik in Frankfurt.

IV

Bis heute weiß ich nicht, wie Lisa und ich nach Hause kamen, meine Tränen ließen die Fahrt wohl zum Blindflug werden. Ich konnte es nicht begreifen, es mußte ein schlimmer Traum sein: Susanne, wach auf, wach endlich auf! Aber ich wachte nicht auf.

Wie konnte ich so naiv sein, zu glauben, daß in unserem Leben alles glatt laufen würde. Daß ich meine beiden über alles geliebten Mädchen normal aufwachsen sehen könnte.

Verdammt, es kann doch einfach nicht wahr sein.

Meine Eltern riefen Stephan in Frankfurt an und fuhren zu mir. Stephan kam sofort nach Hause. Ich saß fassungslos auf der Couch und hielt mein Kind im Arm, als wollte ich es niemals mehr hergeben.

Ich fing an, innerlich zu schreien, konnte mich nicht beruhigen und wollte mich auch nicht beruhigen. Die Nacht wurde ein einziger Alptraum. Am Morgen packte ich unsere Taschen, mir war klar, daß ich Lisa keine Sekunde alleine lassen würde. Ich verabschiedete mich von meinen Eltern und Sarah, und zwar gerade so, als käme ich nie mehr heim.

In Frankfurt angekommen, stiegen wir die Treppen hoch zur Kinderkrebsstation, unsere Füße waren wie aus Blei, und unsere Schultern waren beladen mit zentnerschweren Steinen und Bergen von Angst. Uns wurde eine Sitzgelegenheit angeboten – und da saßen wir nun; ich konnte nicht aufhören zu weinen. Lisa wischte mir meine Tränen ab und versuchte, mich zu trösten. Die Station machte auf mich den Eindruck, als wäre ich im Gefängnis, es fehlten nur die Gitterstäbe: die Türscheiben mit Vorhängen zugehängt, alles grau und dunkel. Immer noch ein schlimmer, böser Traum, und nur ein einziger Traum: endlich aufzuwachen.

Eine ältere Türkin kam auf mich zu, sie weinte wortlos mit mir, dann strich sie Lisa über ihr lockiges, blondes Haar und meinte, »Gott hilft, er ist mit euch.« »Gott!« schoß es mir durch den Kopf. »Gott?« ist mit uns. Wie sollte ich das glauben, was ist das für ein »Gott«, der es zuläßt, daß Kinder Krebs kriegen? Das kann nicht der Gott sein, mit dem ich mit meinen Kindern im Gebet gesprochen habe, jeden Abend gesprochen habe, den meine Kinder lieben, »der Vater im Himmel«, der uns beschützt. Ich schwieg und bekam innerlich Zorn, Zorn auf »Gott«. Zu wem sollten wir nun beten?

Die Uhr des Lebens läuft gegen die Zeit,
Du denkst, sie fängt an,
dabei läuft sie ab.
So klein, so sanft und hilflos,
ich möchte mit dir gehen,
wohin du auch gehst.
Laß mich bitte nicht allein.

Nie Zeit, keine Rast, nur Arbeit,
jetzt bleibt alles stehen, nur du bist wichtig.
Dein kurzes Leben läuft bei mir im Kopf ab,
wie ein Film mit tausend Wiederholungen.
Dein Lachen, deine Komik
und deine Bestimmtheit, Dinge zu fordern,
die du für dich beanspruchst.

Und jetzt die Angst, die pure Angst,
sonst steht uns nichts mehr im Gesicht.

Die Tränen und die Gedanken laufen unentwegt,
keiner hält sie auf,
und wenn man sich noch so anstrengt.
Die Gesichtszüge entspannen sich nicht mehr,
die Nächte werden zum Tag,
und die Tage gehen nicht mehr zu Ende.
Hab keinen Hunger, die Kehle ist wie ausgebrannt,
und es fällt schwer zu schlucken.
Jeden Augenblick möchte ich mitnehmen und verschließen,
jeden Kuß, jede Berührung.
Deine Augen, deine Blicke,
du bist so sanft wie eine kleine Blume,
die es nicht verdient,
sie zu pflücken, um bloß in die Vase zu stellen.

Hat »Gott« so etwas vor?

Die Verzweiflung stand in unseren Gesichtern. Ein gutmütig aussehender älterer Herr kam auf uns zu – der Professor, er sagte, Lisa müsse operiert werden, um eine Probe des Tumors zu entnehmen, um sicher zu sein, ob es sich um die Tumorart *Neuroblastom* handelte. Dieses Wort hämmerte sich in meinen Kopf wie nie ein Wort zuvor, und doch kam mir der Gedanke, sie könnten sich irren und wir wieder aufwachen. Lisa kam an einen Tropf und wurde für die am folgenden Tag anstehende Operation vorbereitet. Schwester Ulrike versorgte uns, und wir schlossen sie gleich in unser Herz, war sie doch in den düsteren Stunden jemand, der unsere Angst verstand und unserem Bedürfnis, uns anlehnen zu können, gerecht wurde.

Lisa sagte keinen Ton, sie schloß die Augen, ich hatte das Gefühl, daß sie nun meinte, man könne sie nicht mehr sehen, sie sei wie durch Zauberhand verschwunden. Wenn ihr jemand zu nahe kam, zog sie sich die Decke noch zusätzlich über den Kopf, das gab ihr wohl das Gefühl, sie sei *endgültig weg*.

Die Ärzte und Schwestern gaben sich die größte Mühe, sie für ein Lächeln zu gewinnen, aber sie blieb stur. Auch mit mir redete sie nur das Nötigste. Ich kam mir schuldig vor, denn ich war es doch, die sie hierhergebracht hatte, und sie mußte nun alles alleine durchmachen. Ich dagegen konnte sie nur begleiten und ihr das Gefühl geben, nicht ganz alleine zu sein. Reichlich wenig und doch so viel.

Wir schreiben den 3. Dezember 1992, heute wird sie operiert. Wir dürfen sie ein Stück begleiten, bis sie in einem Aufzug verschwindet. Nach vier Stunden kommt sie in die Intensivstation, ich möchte sie sehen.

Mein Gott, sie lebt!

Dann kommt ein Arzt, »leider ist der Verdacht bestätigt, Neuroblastom, Stadium 4«.

Endstadium.

Verdammt, soll er es doch gleich sagen, keine Hoffnung, das Kind muß sterben. Nein, er tut es nicht, »wir beginnen mit einer Chemotherapie und dann sehen wir, wie sie anschlägt. Wir konnten nicht an den Tumor herankommen, er hat die Aorta ummantelt, ihr Bauch ist wie ein Minenfeld, wir hätten nicht gesehen, wo wir hinschneiden. Bei der Entnahme der Probe des Tumors wurde bereits dreimal die Niere verletzt.«

Das kann doch alles gar nicht wahr sein.

Lisa erholte sich schnell von der Operation. Wir kamen wieder auf Station. Die Chemotherapie schlug gut an und Lisa schwieg. Sie war stur und ehrgeizig und scheute sich nicht davor, zu beweisen, daß sie nur das macht, was sie will. Sie war nicht böse, aber bestimmt, so schlich sie sich schließlich in die Herzen aller.

Nun kam auch ab und zu ein leuchtendes, blinzelndes, blaues Äuglein unter der Bettdecke hervor. Auch das Lachen kam wieder, sie hatte Kraft und sie wollte nicht sterben, das zeigte sie ununterbrochen und sie riß mich damit mit. Die Angst legte sich nicht, aber sie wurde erträglich.

Die Chemotherapie vertrug sie wie alle Kinder auf der Station, sie brachen um die Wette, der Mund ging kaputt, die Haare fielen aus, die Blutwerte gingen in den »Keller«, darauf folgten Lungenentzündung, Darmverschluß usw. Aber alle lachten viel und trotzten ihrer Krankheit.

Karsten, ein Junge, der damals neun Jahre alt war, wies uns in die Welt des »Nintendospielens« ein, fortan unsere Hauptbeschäftigung.

Wenn jemand Lisa störte und wenn ihr irgendwie etwas nicht gefiel, fauchte sie wie ein Tiger. So hatte sie auch bald ihren Spitznamen »Lisa-Tiger« oder »Lisa der helle Wahnsinn«. Nur bei den Ärzten gab sie sich noch große Mühe, nicht vorhanden zu sein. Da kam er, der Arzt, er hatte was, an dem Lisa nicht so leicht vorbeikam, und zwar ein Telefon, das er an seinem Kittel trug, er stellte es auf ihr Bett und drückte darauf, und es klingelte wie ein richtiges Telefon; er sagte, Oma und Opa seien am Telefon, und sie müsse nun mit ihnen sprechen. Da fing sie laut an zu lachen, und das Eis war gebrochen für alle Zeiten. Er nannte sie Prinzessin, und er wurde ihr Lieblingsarzt. Auch ich mochte ihn, sprach er doch auch meine Sprache.

Stephan kam jeden Abend zu uns und blieb auch übers Wochenende in Frankfurt. Sarah blieb bei meinen Eltern, von dort aus konnte sie problemlos den Kindergarten besuchen.

Kurze Zeit später, nachdem wir also in der Klinik Einzug gehalten hatten, stellte sich uns der »Elternverein – Hilfe für krebskranke Kinder« vor. Ein Verein lauter betroffener Eltern, deren Kinder entweder gestorben waren oder deren Kinder geheilt wurden oder akut noch erkrankt sind. Ein Verein, wie wir später bemerkten, der von der Krebsstation gar nicht mehr wegzudenken ist. Er stellt zusätzliche Krankenschwestern und Ärzte ein, so daß die notwendige medizinische Versorgung tatsächlich auch gewährleistet ist. Ein Psychologe, eine Sozialarbeiterin und eine Erzieherin wurden ebenfalls vom Verein eingestellt. Auch das gemeinsame Mittwochsfrühstück auf der Station wollte niemand mehr missen sowie montags das gemeinsame Abendessen, bei dem Mitglieder des Elternvereins selbst kochen, eine willkommene Abwechslung zum Klinikalltag. Auch hat uns der Elternverein materiell unterstützt. Ohne diese Hilfe hätten wir wohl kaum unsere finanziellen Probleme lösen können. Der Elternverein verwaltete auch ein Elternhaus, in dem mein Mann übernachten konnte und in dem auch Sarah, anders als in der Klinik, herzlich willkommen war.

Wenn Lisa schlief oder mit der Erzieherin Nicola beschäftigt war, ging ich ab und zu ins Elternhaus, um mich vom Klinikalltag zu erholen, sei es beim Kaffeetrinken, bei Gymnastik oder einfach nur bei einem Gespräch. All »unsere« Wünsche versuchte der Elternverein zu erfüllen. Jeder hatte einen Fernseher, ein Nintendospiel sowie Video im Zimmer, man konnte sich Videokassetten leihen und so für eine kurze Zeit der Langeweile und Sorge entfliehen.

Die Menschen, die für die »Hilfe für krebskranke Kinder« arbeiten, arbeiten selbstlos. Haben sie doch alle ein Schicksal, das sie geprägt hat. So scheuen sie sich nicht, ihre Augen zu öffnen und die Hände auszustrecken. Sie wissen, daß sie gebraucht werden. Und die Betroffenen wissen, daß sie die Hilfe brauchen und annehmen, auch wenn es manchmal schwerfällt, jemandem gegenüber zu stehen, der weiß, wie schlecht es einem geht; aber man muß sich eingestehen, daß man *so* eine Situation nicht alleine meistern *kann*.

Ich möchte auch mit dabei sein, meine Augen nicht mehr schließen vor dem Kampf ums Überleben.

Ich schloß mich dem Verein an, organisierte ein Treffen mit einer Reporterin unserer Regionalzeitung. Ich berichtete ihr über unser Schicksal und versuchte aufmerksam zu machen auf die Not der Kinder, die hier leben, mitten in Deutschland.

Wir hatten Erfolg mit dem Artikel, und ich bekam viele Spenden und liebe Briefe, die ich nicht ohne Stolz an den Verein weitergab. So ergab es sich auch, daß mich Vereine einluden, um für sie einen Informationsabend zu gestalten. Ich bereitete alles sorgfältig vor, zeigte Videofilme von der Krebsstation und der Ambulanz und hielt auch einen kleinen Vortrag. Alle Gäste, die der Einladung gefolgt waren, waren sehr berührt, konnte sich doch vorher keiner vorstellen, wie es in einer Kinderkrebsklinik denn aussieht.

Die sanitären Anlagen entsprechen einem Provisorium, und die Station platzt aus allen Nähten. Die Kinder bekommen Bluttransfusionen im Sitzen, weil nicht genügend Betten da sind, und keinem Kind, das eine Transfusion braucht, geht es doch gut. Die Kinder kommen nach der Narkose in einen überfüllten Raum, dessen kleiner Trost nur die Rücksichtnahme der kleinen Patienten aufeinander ist. Weiß doch jeder von ihnen, wie es ist, wenn man aus der Narkose erwacht.

Es ist traurig, daß kranke und arme Kinder nur dann eine Chance haben, wenn sie durch die zusätzliche Hilfe von Vereinen unterstützt werden, damit man ihr Leben etwas würdiger gestalten kann. Wäre es nicht doch Sache der ganzen Gesellschaft, etwas mehr für sie einzustehen? Kein Kind auf der Welt hat es sich ausgesucht, krank oder arm oder hilfsbedürftig zu sein. Und da denke ich auch an unsere Politiker, die doch *uns* vertreten!

Nein, keiner hat die Größe der Kleinen begriffen, deren Stellenwert in unserer Gesellschaft immer mehr zu sinken droht. Und gerade unsere Kinder sind doch die Zukunft, für die wir uns stark machen müßten, mehr als für Autobahnen und Straßen.

Es war kurz vor Weihnachten, und die drei Wochen in der Klinik vergingen wie im Flug. Wir wurden in der Klinik behandelt wie in einer Familie, und wie eine Familie fühlten wir uns auch bald. Eine Bande, zusammengeschweißt aus Angst und Hoffnung, Freude und Leid. Auch Lisa fügte sich ohne Schwierigkeiten in die Familie mit ein, wir achteten einander, trockneten unsere Tränen vom Weinen und vom Lachen. Wir zwei liebten uns auf eine Art und Weise, die ich vorher nicht kannte, ich lernte Lisa auf einmal richtig kennen: ihre Bedürfnisse, ihre Ängste, ihre Nöte und sie als Mensch, ein wunderbares Erlebnis.

Weihnachten sollten wir für ein paar Tage nach Hause gehen. Ich wehrte mich dagegen. Den Arzt schien das nicht zu interessieren, er bestand darauf, hätten Lisa und Sarah doch wohl einen Anspruch auf ein gemeinsames Weihnachtsfest mit ihren Eltern und Großeltern. So konnte ich nichts ändern und mußte mich fügen.

Ich hatte Angst, weil wir uns doch in der Klinik sicher fühlten, es war immer ein Arzt da, wir hatten das Gefühl, daß einem hier nichts mehr passieren kann. Und ich hatte keine Weihnachtsgeschenke für Sarah, Stephan und für meine Eltern.

Doch, ich hatte eines, das größte, was ich je in der Hand hielt: mein lebendes Kind.

Es wurde ein schönes Weihnachtsfest, allein deshalb schon, weil wir zusammen waren. Im Krankenhaus telefonierte ich täglich mit Sarah, doch jetzt war ich froh, sie endlich wieder in die Arme schließen zu können. Und wir vertrauten auf Gott und seine Hilfe.

Die Farben des Lebens in deinem Gesicht,
Deine klaren Augen sehen aus,
als könntest du in Gedanken
mit einem Vogel zur Sonne fliegen
und ganz sanft zur Erde zurückgleiten.

Dein kleines Leben kennt keine Gefahr,
und du gehst deinen Weg,
ganz gerade nach vorn, ohne zu wissen,
was dich dort erwartet.

Wie ein kleines Wunder schreitest du die Straße entlang.
Ich hoffe, sie führt auf einen Berg ganz hoch, wo du sicher bist,
denn es sind schon zu viele ins Tal gegangen.

Wenn du nur wüßtest, wie es in meinem Herzen aussieht,
es kommt mir so klein vor,
und im Moment ist dort nur Platz für dich ganz allein.

Es tut mir weh, daran zu denken,
daß ich dich verlieren könnte,
und doch sagt man mir,
ich müßte es tun –

Aber dann!

Als ich mit Lisa in die Wohnung meiner Eltern kam, schäumten wir alle über vor Glück. Es war wohl eine Art von Ehrfurcht vor dem Leben an sich. Wir wußten, daß wir es noch lange nicht geschafft hatten, aber Lisas Kampf war so hart und voller Lebensdrang, daß der Tod so weit entfernt schien, und ihr ging es gut.

Erst jetzt merkte ich, wie wichtig es war, die Klinik zu verlassen, und verstand es wieder, auf meinen eigenen Füßen zu stehen; auch wenn das Laufenlernen mir noch viel Mühe machte, so wuchs doch wenigstens mein Selbstvertrauen. Und nicht nur meine Kinder lernte ich auf wunderbare Weise kennen, sondern auch mich.

Ganz ähnlich ging es mit unseren früheren Freunden. Die Spreu trennte sich sehr schnell vom Weizen. Es gab Freunde, die sich nicht scheuten, viele Kilometer zu fahren, und Anteil nahmen an unserem

Leben und nicht wegsahen. Und es gab auch die, die Scheuklappen anlegten, was man ihnen aber gar verübeln konnte, vielleicht hätte man es genauso gemacht.

Die Wochen vergingen schnell und waren endlos.

Unser Pfarrer aus meinem Heimatort war uns eine große Hilfe, wir konnten mit ihm klagen, schimpfen, weinen und lachen. *Zeit* gab es nicht, davon hatten wir sehr viel *und* viel zu wenig. Wir hatten immer Kontakt zueinander, und er nahm Anteil, nicht nur an unserem äußerlichen Schicksal, sondern auch an uns, an jedem auf seine Art und Weise.

Im Januar wurden wir eingeholt von unserem Leid, es starb ein Kind auf der Station, wir waren wie gelähmt und versuchten, uns doch damit auseinanderzusetzen, daß es gewiß nicht das letzte Kind war, das gehen mußte. Wo und wie sind die Maßstäbe von »Gott«, wie macht er mit sich aus, warum er so oder so handelt?

Die Angst fährt mit!

Du fährst in einem Zug der Ewigkeit,
von Tag zu Tag,
von Nacht zu Nacht.

In der Hoffnung, keine Endstation zu erreichen.
Du lernst in dem Zug Menschen kennen, deren Schicksale
sich ähneln.

Du hältst Menschen im Arm,
versuchst sie zu trösten
und hast selbst keinen Trost.
Du redest Dinge, die du selbst nicht mehr glaubst,
du läßt Tränen fließen,
obwohl du keine mehr hast.

Und das alles aus Hoffnung,
weil du glaubst,
daß du zur Sonne fährst,
dann triffst du den Tod
und der zieht dich runter,
jetzt ist plötzlich wieder alles dunkel.

Jetzt kannst du wieder weinen,
der Krampf löst sich,
Du atmest,
doch nicht lange.

Denn nun steigst du wieder ein
und fährst weiter in dem Zug der Ewigkeit.

Auf der Endstation bleiben die Gedanken
und ein Stück von deinem Herzen.

Nur nicht noch einmal aussteigen müssen,
lieber fahren bis

ans Ende der Welt!

Wir zweifelten immer mehr an der Gerechtigkeit, aber wir wußten auch, daß es *die* Gerechtigkeit im Grunde ja gar nicht gab und gibt.

Auf der Station hatten wir alle *ein* Los. Was wir selbst nie haben wollten. Es hatte uns ja auch keiner gefragt.

Johannes war eines von den Kindern, das ich besonders in mein Herz geschlossen hatte. Als ich bemerkte, daß die Tage auch bei ihm anfingen zu zählen, fragte ich mich, womit ich diesem Kind eine Freude machen könnte. Ich überlegte sehr lange – und war tief betrübt: Was könnte man so einem Kind noch schenken?

Ich saß auf einer Bank vor der Klinik und rauchte eine Zigarette, eine von unzähligen, die ich bis dahin geraucht hatte, und war immer in Gedanken bei Johannes. Ich bückte mich und hielt plötzlich etwas ganz seltenes in der Hand – ein Kleeblatt, vierblättrig. Das war es, das Geschenk, nach dem ich in meinen Gedanken so oft suchte. Ich trug es die Treppen hinauf, als hätte ich das größte Stück Glück auf Erden in der Hand, und mit diesem Gefühl schenkte ich es ihm auch. Seine Augen sagten mir, daß ich recht hatte, es war für ihn das größte Geschenk, das ich ihm überhaupt machen konnte, und wir hatten sowas wie einen gemeinsamen Stolz, jeder auf seine Weise. Doch auch Johannes ging schon seinen Weg zu Ende und mit ihm ging wieder ein Stück von uns – aus »unserer Familie«.

Auch zu Hause kam Lisa mit unserer schweren Situation gut zurecht und gab uns stets Hoffnung. Sie entwickelte sich zu einem Kind, das mir schwerfällt, zu beschreiben. Selbst mit dem Computer begann sie zu »fighten«. Die Stimme des Computers fragte nach 3 × 7 = ?, darauf antwortete sie: »Du Dummkopf, du weißt doch, daß ich nicht in die Schule gehe, woher soll ich das also wissen?« – und streckte ihm vorwurfsvoll die Zunge heraus. Als Sarah einen Apfel in der Hand hielt und sagte, »ich esse jetzt Vitamine«, kam prompt Lisa und fragte, ob sie nicht den Unterschied zwischen Äpfeln und Vitaminen kennen würde, und das, was Sarah in der Hand halten würde, wäre ohne Zweifel ein Apfel.

Lisa lachte und tanzte ohne Ende, sie aß und schaukelte für ihr Leben gern, hörte gern »Rolf und seine Freunde«, und ihr Lieblingslied war »Ich bau mir eine Höhle«, was sie auch täglich im Garten und in der Wohnung tat. Sie richtete sich ihre Höhle ein und war glücklich. Jeder, der sie kannte, hielt sie für einen Sonnenschein, und sie befreite alle von schlechter Laune durch ihre Keckheit und ihren Lebensfrohsinn. Sie steckte jeden mit ihrem Lachen an, obwohl man Angst hatte, sie bekäme bald keine Luft mehr vor lauter Lachen. Mit am liebsten spielte sie »Kochen und Verkaufen«, wobei sie meinen Vorratsschrank plünderte und alles in ihren Rucksack verstaute, so daß sie aufgrund des Gewichtes kaum noch laufen konnte. Lisa und Sarah liebten sich sehr und lagen sich meist morgens schon in den Armen. Lisa rannte Sarah immer entgegen, wenn sie von der Schule kam. Sarah genoß dies sehr, hatte sie doch so lange auf ihre Schwester verzichten müssen.

Lisa war meine Lehrerin, die größte überhaupt, die ich je hatte. Vor ihrem Mut und ihrer Tapferkeit hatte ich große Angst und Hochachtung gleichermaßen. Wenn es ihr ganz schlecht ging, sah sie mich an und sagte, mit leiser Stimme, »ich liebe dich«. Ihre Augen spiegelten soviel Leben und Kraft, daß ich mich schämte, sie manchmal anzusehen.

Irgendwann werden wir begreifen,
daß unsere größten und besten Lehrer
unsere Kinder sind.

Sie lehren bedingungslos Liebe,
ohne Schmerz und Leid,
Vertrauen ohne Lügen
und keinen Tag ohne die Nacht,
die Wunder der Blumen und der Erde
mit dem Dasein der Sterne
und des Mondes.

Wie erleichtert und befriedigt ist meine Seele, daß du
mir die Augen geöffnet hast.

Und wie dankbar bin ich,
daß ich mit geschlossenen Augen sehen kann.

Wir versuchten immer, daß wir alle vier zusammen waren. Sarah wuchs mit der Anforderung, die wir an sie richteten. Ich bekam von ihr wenig zu spüren. Sah ich sie doch kaum, und die Sehnsucht nach ihr war oft groß. Aber es ging doch nicht anders, als sie zu vernachlässigen, weil Lisa mich doch in dieser Zeit hundertprozentig brauchte. Wo sollte ich sie hernehmen, die Zeit, die auch Sarah benötigte? Auch ich konnte nicht gerecht sein, wie auch?

In der Osterwoche im April fühlte sich Lisa so wohl wie nie zuvor. Wir gingen spazieren, sie rannte um die parkenden Autos, wie ein Fohlen, das man zum ersten Mal auf die Weide ließ, und schrie: »Mama, ich kann wieder laufen!«. Sie rannte um ihr Leben, und ich rannte in Gedanken mit ihr.

Am Dienstag nach Ostern, wieder in Frankfurt, sollte sie das zweite Mal operiert werden, um den Versuch zu machen, den Tumor vollständig zu entfernen; man stellte durch die Untersuchungen fest, daß sich der Tumor verkapselt hatte. Ich war tief betrübt und kam mir vor wie ein Verräter, hatte ich ihr doch gesagt, daß alles gut wird. Sie vertraute mir und konnte jetzt wieder laufen. Doch was ist morgen nach der schweren Operation? Ich fühlte mich wie ein Tiger im Käfig und dazu noch völlig hilflos und gemein. Als sie an diesem Abend einschlief, völlig fertig vom vielen Rennen, fing ich an zu weinen und hörte nicht mehr auf.

Als sie morgens das weiße Hemd anbekam und unter Schlafmitteln stand, blinzelten mir wieder zwei kleine, große Augen entgegen. Ich war der Verzweiflung nah, und sie sagte leise: »Ich liebe dich«. Und wieder war der Ausdruck von Kraft und Lebenswillen in ihrem Gesicht, und wieder stand ich vor dem Fahrstuhl, der uns trennte.

Ich weiß nicht, wie viele Kilometer mein Mann und ich ziellos liefen in diesen sieben Stunden, denn so lange dauerte die Operation.

Man rief uns in die Intensivstation. Ich bestand darauf, Lisa zu sehen. Meine Nerven waren gespannt wie Drahtseile, die Knie waren weich und der Puls raste. Wir durften einen kleinen Moment zu ihr hinein, und wieder war mein erster Gedanke: »Mein Gott, sie lebt!«

Einen Tag nach der Operation kam ihr Lieblingsdoktor, um nach seiner »Prinzessin« zu sehen; er sagte, sie könne ein paar Schluck Tee trinken. »Nein, Fanta«, sagte Lisa. »Fanta gibt es nicht, Prinzessin«, erwiderte der Arzt, »dann trinke ich eben gar nichts!« entgegnete sie. Der Arzt sagte, »na gut, aber nur einen Schluck«. Sie trank eine ganze Flasche. Er schaute dezent zur Seite. »Keine Chance«, stand in ihren Augen geschrieben. Nach einem Tag kam der Arzt und meinte, sie könne heute einen Zwieback haben. Lisa schaute ihm tief in die Augen. »Nein, Bockwurst«, sagte sie. Es war nichts zu machen, der Arzt verlor wieder. Sie aß ihre Bockwurst und trank ihre Fanta – und ihr ging es gut.

Bei der Operation konnte der ganze Tumor entfernt werden – und ihre Niere zudem, aber was ist schon eine Niere gegen ein Leben. So machten wir immer mehr Abstriche, ohne eigentlich zu merken, daß wir schon einige kleine Tode gestorben waren.

Ich habe meine Kinder nie angelogen, war es auch manchmal hart für mich (und für sie), die richtigen Worte zu finden. Aber wir waren ehrlich, sie zu mir und ich zu ihnen, und wir vertrauten uns, ohne Wenn und Aber.

Nach fünf Tagen lief Lisa über den Gang im Krankenhaus, als wäre nichts gewesen. Gleich hinterher bekam sie eine Chemotherapie, es sollte die letzte sein, und dann hätte sie es geschafft. Die Chemo war stark, aber Lisa nicht mehr – sie zog sich in sich zurück.

Lungenentzündung, und kein Lebenswille mehr. Sie sackte ab, und meine Hoffnung auf ein neues Leben auch. Die Blutwerte fielen ab, ich dachte sie stirbt. Lisa wog nur noch acht Kilo und war 92 cm groß. Ihr kleiner Körper war ausgelaugt. Ich rief meinen Mann und meine Familie an und bereitete sie auf den Tod vor. Alle kamen, und niemand hatte mehr Hoffnung, nur noch ein bißchen.

Da kam Jan rein, ein »Zivi«, den Lisa gut kannte und lieb hatte, er sagte, daß er Lisa mit dem Rollstuhl in die Röntgenabteilung fahren wolle. Lisa öffnete die Augen, und aus ihnen sprühten geradezu Funken. »Rollstuhl« – sie haßte den Rollstuhl! Sie quälte sich zum Sitzen, hängte ihre Beine aus dem Bett und fauchte Jan an: »Ich lauf!«

Und, für uns alle unfaßbar, sie lief wirklich. Ich nahm beide Hände und hielt sie unter Tränen fest, wir liefen den Gang entlang – und sie zitterte vor Anstrengung, aber sie lief! Auf dem Gang standen Ärzte, Schwestern, Patienten und Eltern – und alle schüttelten den Kopf: »Lisa der helle Wahnsinn!«

Sie hat ihre Grenzen getestet und Zuversicht gewonnen. Sie wurde wieder »gesund«, und wir verließen wenige Tage später unsere Station, in der Hoffnung: für immer.

Keine Zeit!

Hast du genossen, frei zu sein?
Mit Menschen ein Stück wegzugehen?
Mit ihnen zu lachen und zu weinen?
Nein, du hattest keine Zeit.
Du konntest gerade erst laufen,
weder schwimmen noch fliegen,
und man hat dir gleich einen Käfig gebaut.
Nicht aus Gold, nicht aus Zukunft,

nur aus Hoffnung!

V

Wir hatten den Sommer vor uns, und mit uns war die Hoffnung. Lisa entwickelte sich prächtig, und wir waren wieder alle zusammen – eine Familie!

Lisa hatte ihren eigenen Charakter, und Sarah und sie spielten den ganzen Sommer wunderbar zusammen. Wir zelteten und grillten, Lisa aß wie ein Scheunendrescher. Das Haus war voller Freunde. Ich kaufte Lisa endlich ein Nintendo, das sie sichtlich vermißte. Sie spielte wieder gern Verkaufen und plünderte meinen Vorratsschrank. Sie schaukelte, badete und sang für ihr Leben gern. Sie wurde immer kecker, und wir harmonierten richtig.

Sarah ging zur Schule, und Lisa und ich mußten nur noch einmal die Woche nach Frankfurt zur Kontrolle. Alle vier Wochen bekam sie Chemotherapie, aber längst nicht mehr so hart und aggressiv. Auch die Haare fielen ihr nicht mehr aus, und Lisa war darüber unendlich stolz, hatte doch aus diesem Grund – der Glatze wegen – oft jemand »iiih« gesagt.

Und jetzt war sie gesund, tobte, lachte und schrie – war ganz *normal*.

Wir feierten ihren dritten Geburtstag.

Es war für uns alle ein ganz besonderer Geburtstag, zu dem wir uns so viel für Lisa wünschten, daß *ein* Wunschzettel wohl kaum ausgereicht hätte. Wir luden Freunde ein, und es gab Lisas Lieblingsgerichte, gegrillte Maiskolben, Bockwurst, verschiedene Salate und viel Ketchup.

Lisa hatte sich ein rosafarbenes Kleid ausgesucht, sie zog es am Morgen an, denn sie wollte an ihrem Festtag aussehen wie ein Mädchen, trotz ihrer kurzen Haare. Sie zog ihr Halskettchen und auch ihr Armband an.

Als alle Gäste da waren, sangen wir das Geburtstagslied: »Wie schön, daß du geboren bist, wir hätten dich sonst sehr vermißt . . .« Ich bin nach den zwei Strophen erst mal für eine Weile hinausgegangen.

Wir feierten Lisas Geburtstag noch bis zum späten Abend, und so verging wieder ein schöner Tag mit ihr und ihrer ansteckenden Fröhlichkeit.

Im Juni begannen wir die Dauertherapie, Lisa verkraftete alles sehr gut.

Mein Gott, sie lebte!

Dann sprach man uns in Frankfurt auf eine Kur an. Ausruhen, erholen, was ist das? Doch, das gibt es, aber nur, wenn man Glück hat. Wir hatten die ganze Zeit ein zusätzliches Problem: unsere Tiere, ein Hund, dreizehn Jahre, ein Hase, acht Jahre, und noch einen »komplizierten« Kachelofen, die einzige Heizung im ganzen Haus. Unsere Nachbarn pflegten alles so lange, wie wir in der Klinik waren, aber jetzt schon wieder? Wir hatten ein schlechtes Gewissen. Aber alle sahen ein, daß es notwendig war. Die Nachbarn waren einverstanden, also taten wir es doch.

Und dann das »Behörden-Spießrutenlaufen«. Ich hatte Angst davor. Dachte ich doch mit Grauen an die früheren Anträge auf Schwerbehinderung, Pflegegeld und Pflegehilfe, und jetzt sollte ich auch noch einen Antrag auf Kur stellen?

Als wir für Lisa den Schwerbehindertenantrag stellten, schickte uns das Gesundheitsamt einen Arzt, um den Behinderungsgrad festzustellen. Als ob die vielen Berichte, die die Ärzte in der Klinik schrieben, nicht aussagekräftig genug waren, um zweifelsfrei zu erkennen, wie es um Lisa stand. Oder dachten sie vielleicht, ein dreijähriges Kind könnte so eine Krankheit simulieren? Der Gipfel aber war, als uns drei Wochen nach dem hundertprozentigen Behinderungsbescheid von der Krankenkasse der Medizinische Dienst ins Haus geschickt wurde, um wohl zu überprüfen, ob Lisa wirklich krank wäre. Die Frau trat auf wie die Krankenkasse persönlich. Mit Diktiergerät und Schreibblock begann das Verhör: »Wie heißt denn das Kind?«

Als ich diesen Satz hörte, kam mir der Gedanke: »Warum schmeißt du sie nicht sofort einfach raus?« Aber das verbot mir wohl meine gute Erziehung.

»Hat das Kind einen künstlichen Darmausgang? Warum macht sie noch in die Windeln?« fragte sie weiter. »Und spricht das Kind immer so schlecht?« fügte sie direkt hintendran.

Vielleicht sprach Lisa wirklich schlecht, mir ist so was gar nicht aufgefallen, da ich sie gut verstand. Ich war irritiert.

Lisa bat mich, ihr etwas zu essen zu geben, worauf die »Ärztin« sagte: »Das Kind darf aber nicht den Raum verlassen, ich muß es beobachten können.« Ich entgegnete: »Wenn Lisa Hunger hat, bekommt sie etwas zu essen. Außerdem ist unsere Wohnung unten offen, das heißt, man kann jeden Raum einsehen.« Und überhaupt waren wir doch um jeden Bissen dankbar, den Lisa aß und bei sich behielt – bei ihrem Gewicht.

So stellte die Ärztin noch weitere unnötige Fragen, die mit Leichtigkeit aus den Ärzteberichten von Frankfurt herauszulesen gewesen wären. Aber wie kann man denn verlangen, daß jemand einen Bericht aufmerksam liest, wenn er noch nicht mal den Namen des Patienten weiß?

Wir waren ängstlich und fragten, ob wir denn einen Anspruch auf Pflegehilfe hätten? Die Ärztin zuckte voll Selbstgerechtigkeit die Schultern. Ich bekam plötzlich so eine Wut auf die Frau, daß ich gleich, nachdem sie gegangen war, bei der Krankenkasse anrief und mir den zuständigen Chef geben ließ. Mein ganzer Unmut sprudelte nur so aus mir heraus, und ich machte meinem Herzen Luft: »Eine Frau, die noch nicht einmal den Namen meines Kindes weiß, soll prüfen, ob ein Pflegebedarf vorliegt?« Außerdem wußte ich von ihr, daß sie in einem anderen Fall, der mit Lisas zu vergleichen war, die Pflegehilfe abgelehnt hatte; als das Kind später starb, wurde die Hilfe *nachträglich* gewährt.

Ich brachte mein Entsetzen zum Ausdruck. Der Herr am Telefon war sehr freundlich und versuchte, mich zu beruhigen.

Da schreiben die Ärzte ellenlange Berichte, um den Krankenkassen ein genaues Bild des Krankheitsverlaufes zu geben, und dann kommt nichts anderes dabei heraus, als ein Haufen Bürokratie.

Ich hätte aber auch eine Pflegehilfe für 700 Mark in Anspruch nehmen können, die von der Krankenkasse anstandslos bezahlt worden wäre, ohne daß eine medizinische Prüfung stattgefunden hätte. Aber da ich mein Kind selber pflegen wollte für 400 Mark monatlich, mußte ich das ganze Procedere über mich ergehen lassen. Verständlich und sinnvoll, daß man die Fälle prüft, aber muß das auch sein bei einem Kind, daß eine *so* schlechte Prognose hat?

Nun stellte ich also auch noch den Antrag auf einen Kuraufenthalt, schlimmer konnte es mit diesem Antrag auch nicht werden.

Die Kur wurde genehmigt.

Nachdem dann alles geregelt war, fuhren wir vom 17. November bis zum 14. Dezember in den Schwarzwald zur Kur. Wir wählten diese bestimmte Kureinrichtung, weil zwei von meinen Brüdern in der Nähe wohnen; man weiß ja nie!

Der Kurort lag ziemlich abseits, und wir waren etwas verstört: wieder eine Art »Knast«? Nein, weit gefehlt. Es war herrlich. Lisa und Sarah fühlten sich sehr wohl, und Stephan und ich uns natürlich auch. Ich war von der Organisation ziemlich verblüfft, kannte man doch dort unsere Namen und nahm uns auf wie Freunde. Sie kümmerten sich um alles, und jeder Wunsch war für sie Befehl. Ich habe so etwas noch nie erlebt, sogar unsere Zimmer wurden geputzt und jeden Tag wurde ein Programm angeboten, an dem man teilnehmen konnte, aber nicht mußte. Es war jedoch so interessant, daß man befürchtete, wenn man nicht hinginge, würde man etwas versäumen. Und so war es auch, also gingen wir hin und wurden nie enttäuscht. Die psychosomatische Betreuung war geradezu vorbildhaft. Ebenso die medizinische Betreuung. Auf unser Wohlergehen wurde größter Wert gelegt. So wurden wir alle von Kopf bis Fuß untersucht, und es wurde ein persönliches medizinisches Programm für jeden von uns erstellt: Massagen, Bewegungsbäder, Krankengymnastik, Rückenschule, alles wurde termingerecht geplant, so daß es reibungslos verlief und uns allen sehr gut tat. Hatte man doch in der ganzen Zeit von Lisas Krankheit auf seine eigene Gesundheit keine Rücksicht genommen. Lisa konnte in der Kureinrichtung sogar ihre Chemo-Dauertherapie fortsetzen, so daß wir gar keinen medizinischen Ausfall hatten: schließlich war für uns *Zeit* doch sehr kostbar geworden.

Sarah konnte den Schulunterricht besuchen, so daß auch sie nichts versäumen mußte, er war so spielerisch wie lehrreich, und Sarah machte er sehr viel Freude. Die Kinder wurden außerdem von sehr freundlichen und überaus qualifizierten Arbeitskräften den ganzen Tag betreut. Dem Spielreichtum und den Ideen waren keine Grenzen gesetzt. Wir bewunderten, mit was für einem Idealismus und mit welcher Freude alle Mitarbeiter der Katharinenhöhe im Schwarzwald bei ihrer Arbeit waren.

Es waren herrliche vier Wochen, wir fühlten uns wohl, selbst die Kinder wollten nicht mehr nach Hause. Gegen Ende der Kur suchte uns eine schlimme Grippe heim. Am 14. Dezember verließen wir die Katharinenhöhe wieder.

Es war ein merkwürdiger Abschied. So richtig Lust, nach Hause zu fahren, hatten wir gar nicht. Zu Hause kam der Alltagstrott, und zwar mit geballter Ladung.

Lisa und Sarah fielen müde ins Bett. Ich hatte den »Baby-Wächter« an und hörte plötzlich, daß Lisa unregelmäßig atmete. Ich fuhr mit ihr noch in der Nacht mit dem Taxi zur Klinik. Das Taxiunternehmen kannte uns sehr gut, fuhr es uns doch schon unzählige Male nach Frankfurt. Die Fahrer wurden Freunde in dieser Zeit. Sie hatten die Gabe, auf wunderbare Art mit Lisa umzugehen – sie hatten ihre Art verstanden. In Frankfurt angekommen, hieß es: »Schon wieder eine Lungenentzündung!« Das bedeutete für Lisa, für uns, einen langen Aufenthalt. Sollte alles von vorne anfangen?

Kurz vor Weihnachten durften wir wieder nach Hause. Wir feierten Weihnachten, nicht ohne den Gedanken: mein Gott, sie lebt!

Auch dachten wir ständig an die Kinder, die es nicht mehr geschafft hatten, mit ihren Familien Weihnachten zu feiern: Andrea, Johannes, Sabrina, Verena, Luise, Marco, Janina, Melanie, Paul und Katharina. Und wir durften unser Kind im Arm halten, hatten wir Glück? Ja, wir genossen jeden Tag und jede Nacht, als wäre es der letzte oder die letzte.

Am 26. Dezember 1993 mußten wir wieder ins Krankenhaus. Schon wieder eine Lungenentzündung! Diesmal mußten wir in die Neurologie; man darf nicht glauben, daß alle krebskranken Kinder auf die *Krebsstation* kommen, weit gefehlt! Auf Station kamen nur die Kinder, die gerade ihre Chemotherapie erhielten, schließlich gab es dort auch nur 16 Betten. Alle anderen Kinder wurden *verteilt*. So lagen wir auch schon auf der Infektionsstation, Säuglingsstation, Chirurgie, wir waren wohl schon überall. Es war geradezu ein Kampf, wieder auf die Krebsstation zu kommen.

In der Neurologie hatte Lisa Angst. Sie ließ mich nicht aus den Augen. Epileptische Anfälle, Nervenleiden: Lisa war verstört und hatte Angst vor den Kindern. Sie konnte sie nicht einordnen, ich auch nicht. So verstand ich sie und ließ sie nicht allein. Wir sahen bis dahin viel, nicht nur auf der Krebsstation, sondern auch auf anderen Stationen. Wir haben zuviel gesehen! Es war ein Alptraum! Jetzt wünschte ich, daß die Krankenschwestern in meinem Heimatort nur einen Bruchteil von dem gesehen hätten, was ich sah. Ich glaube, sie hätten den Kittel an den Nagel gehängt. Ich hätte es auch gern getan, nur durfte ich es nicht, ich mußte ihn tragen.

Lisa ging es allmählich wieder besser, und am siebten Januar 1994 durften wir nach Hause. Am achten Januar hatte ich Geburtstag, und meine Familie richtete mir ein kleines Fest aus – es war der schönste Geburtstag meines Lebens.

Es ging allen gut, eigentlich feierte ich nicht meinen Geburtstag, sondern Lisas. Sie tanzte, aß und trank, wir freuten uns so! Auch alte und neue Freunde kamen, und wir waren glücklich. Wir hatten gelernt, die kleinen Dinge des Lebens zu achten, und wir waren stolz darauf. Wir waren andere Menschen geworden durch unsere Lehrerin Lisa. Kaum ein Stiefmütterchen wurde übersehen, und wir lernten wieder das Leben zu lieben an sich.

Wer tut das schon?

Und dann wieder das Gefühl und der Gedanke: mein Gott, sie lebt!

Im Februar 1994 bekam Lisa Schmerzen in den Beinen. Für jeden, der ein krebskrankes Kind hat, bedeutet dies: Alarm! Wir fuhren nach Frankfurt und ließen sie untersuchen. Dort bestätigte man uns, Lisa könne *keinen* Rückfall haben. Ihre Blutwerte wären in Ordnung, und es gebe keinen Grund, sich Sorgen zu machen. Nur dieses verdammt ungute Gefühl in mir schien nicht so recht daran zu glauben.

Auf dem Rückweg von Frankfurt nach Hause kamen wir an einem Stausee vorbei, in diesem Moment flogen zwei Fischreiher auf. Lisa sah sie an und meinte plötzlich, »Mama, ich liebe dich, ich fliege bald mit den Fischreihern mit, da kann ich dich immer von oben sehen. Ich laß' dich niemals allein, aber der liebe Gott wartet schon auf mich. Mama, du läßt mich doch auch nicht alleine, Mama verstehst du das? Ich liebe dich.« Ich war wie erstarrt und so erschrocken, daß ich kaum ein Wort rausbrachte und konnte es nicht glauben, sie war doch erst drei Jahre alt, und sie sprach, als würde eine alte weise Indianerin sprechen. Der Taxifahrerin liefen lautlos die Tränen runter, und sie war genauso geschockt wie gerührt.

Nachdem ich mich gesammelt hatte, nahm ich sie in den Arm und gab ihr mein Versprechen, sie so lange nicht alleine zu lassen, bis meine Grenzen erreicht sind, und sagte leise: »Ich liebe dich auch so sehr«. Die weitere Fahrt verlief wortlos, aber der Satz von den Fischreihern begleitete uns.

Jetzt wußte ich, daß Lisa einen Rückfall hatte, und wußte auch, daß es bislang nur *einem* Kind gelungen war, diesen zu überleben. Unsere Chance sank auf ein absolutes Minimum.

Ich rief in Frankfurt an und bestand auf einer »Cintigraphie«. Ich bekam für die nächste Woche einen Termin. Lisa ging es nicht gut, sie hatte starke Schmerzen im linken Bein. Ich gab ihr Zäpfchen und machte ihr einen Wickel um das Bein. Ich hatte furchtbare Angst und hoffte, daß ich mich irrte.

Als wir die Untersuchung hinter uns hatten, gingen wir in die Ambulanz zurück. Unser Arzt rief uns in sein Zimmer, und als ich sein Gesicht sah, hatte ich keine Fragen mehr. Es war also der Rückfall, vor dem wir alle einen solchen Horror hatten. »Das linke Bein, das Becken und die Schulter sind voll von Metastasen.« Ich begann hemmungslos zu weinen und stammelte, daß Lisa doch das Liebste sei, was ich habe. Warum soll ich sie verlieren? Haben wir denn noch nicht genug durchgestanden, geht das denn immer weiter, hört es denn nie auf?

Lisa nahm ein Taschentuch und wischte mir die Tränen ab und nahm mich in den Arm und tröstete mich: »Mama, du sollst nicht so viel weinen«. Ich antwortete ihr, daß ich aber weinen muß, weil ich so traurig bin. »Ja«, sagte sie, »du darfst ja weinen, aber nicht so viel.«

Mein Mann hatte inzwischen eine Arbeit in Berlin angenommen, weil er bei Lisa nicht mehr mit einer Verschlechterung rechnete. Wie sollte ich ihm sagen, daß jetzt alles wieder von vorne anfing? Wir hatten alle keine Nerven mehr, und wie sollte es jetzt weitergehen? Wie nur?

Wir hatten ein Gespräch mit einem Arzt aus der Nuklearmedizin. Er hätte noch einen Vorschlag, sagte er, er wolle Lisa einen Antikörper spritzen, der mit Jod markiert und radioaktiv wäre. Der Antikörper würde sich an den Neuroblastom heften und ihn im ganzen Körper aufspüren und zerstören. Lisa wäre die erste, bei der diese Methode in Frankfurt ausprobiert werden würde. Davor wären aber noch einige Untersuchungen nötig, die jeden Tag fünf Stunden Aufenthalt in der Klinik erforderten, so etwa fünf Tage lang. Und später, wenn der Antikörper gespritzt würde, dürften wir nicht in *einem* Zimmer liegen, da Lisa dann radioaktiv wäre und das Risiko für mich zu hoch sei. Aber es war ein Strohhalm, an den wir uns alle klammerten. Für die Untersuchungen schliefen wir im Elternhaus, war es doch für Lisa viel angenehmer als in der Klinik, und hatten wir doch so mehr Freiheit.

Die Ergebnisse waren zufriedenstellend und die Hoffnung war groß. Wir sahen uns die Station, in der der Antikörper gespritzt werden sollte, an. Ich hatte den Eindruck, daß es sehr einsam dort war. So fuhren wir wieder nach Hause und warteten, bis der Antikörper von Amerika eingeflogen wurde, danach sollte er in Heidelberg mit Jod markiert werden. Das dauerte etwa drei Wochen.

Lisas Schmerzen waren so schlimm, daß sie nicht mehr laufen

konnte, und das Bein war ganz dick. Ich durfte Lisa kaum mehr berühren, und es wurde zur Qual, sie aus dem Bett zu nehmen. So beschloß ich, unsere Matratzen aus dem Schlafzimmer herunterzuholen. Nun mußte ich Lisa nicht mehr so oft anfassen. Das Wohnzimmer wurde für lange Zeit unser Aufenthaltsort – Schlafzimmer, Küche und Spielzimmer. Wir spielten bis nachts Nintendo, aßen und tranken auf unseren Betten, und Lisa war glücklich und wir mit ihr. Unsere Wohnung sah aus wie ein Lager von Landstreichern, aber das war uns egal.

Lisa konnte die Schmerzen manchmal kaum aushalten. »Mama«, sagte sie, »weißt du, was in meinem Bein ist? Eine tollwütige Ratte«. So beschrieb Lisa den Krebs in ihrem Bein. Sie nahm ihre Trinkflasche und schlug auf das kranke Bein und schrie: »Los, komm raus, du Ratte«. Sie wurde rot vor Zorn, als sie merkte, daß der Tumor nicht daran dachte, rauszukommen. Da versuchte sie es im Guten. »Komm raus, bitte, und wenn ich dich dann habe, schmeiß' ich dich ins Meer. Die Ärzte und die Schwestern haben mein Leben kaputtgemacht.« Darauf sagte Sarah: »Nein, Lisa, die haben dich lieb, es ist die tollwütige Ratte«. Lisa weinte leise, und wir mit ihr. Sie war ja erst drei Jahre alt und sagte solche Worte, unfaßbar!

Nun war es soweit, wir packten die Koffer. Zwei Tüten mit Spielsachen sowie den Nintendo und sechs Dosen Eisbein, Thunfisch, Käse und Ketchup. Wir waren beladen, als wollten wir ausziehen: Poster und Bilder, Bücher und Puzzles. Sollte der Aufenthalt doch vier Wochen dauern, dann wäre ja schon fast Ostern.

Ich sprach viel mit Lisa über die Situation auf der neuen Station und auch darüber, daß wir uns nicht oft sehen, aber immer miteinander sprechen könnten. Sie akzeptierte das und meinte, sie wäre ja schon groß und sie würde das schon schaffen.

Wir kamen in den Zimmern an, ich richtete ihres ein mit Postern und Bildern, die sie gut kannte, und so war es ihr auch recht.

Am nächsten Tag wurde sie unter Schlafmittel gesetzt und bekam den Antikörper gespritzt. Ich weinte aus Hoffnung und Verzweiflung. Es klappte alles gut. Ich schrieb alle Daten in ein Buch, das ich seit Beginn von Lisas Krankheit führte. Es enthält alle Daten und Krankheitsmerkmale, aber auch ihre Stimmungen.

Täglich wurde gemessen, wieviel Radioaktivität sie noch besaß. Wir unterhielten uns den ganzen Tag, ich las ihr Geschichten vor, wir hörten Musik und Märchen, sie war vernünftiger als ich. Als niemand in der Nähe war, ging ich zu ihr und sagte, daß ich gern einen Kuß von ihr hätte. »Nein«, sagte sie, »sonst steigt das Thermometer«. Sie meinte mein Meßgerät, das ich ständig tragen mußte, um zu sehen, wieviel Radioaktivität ich abbekam.

Nach zwei Wochen strahlte Lisa nicht mehr, ihr Bein wurde aber immer dicker. Nun sollte das alles nochmal wiederholt werden mit einer höheren Dosis. Wir hatten große Hoffnung, schien es doch zu helfen, wie man auf den »Cintigraphiebildern« zu sehen vermeinte. Also begannen wir, uns auf die nächste Spritze vorzubereiten. Lisa wurde wieder eine hohe Dosis Schlafmittel gegeben, und dann wurden die Antikörper gespritzt. Es standen etwa sechs Ärzte um Lisas Bett und ich auch; plötzlich versuchte sie, sich aufzurichten. Unter größter Anstrengung formte sie den Mund zu einem Kuß – ich werde das Bild in meinem ganzen Leben nicht vergessen –, sie zitterte am ganzen Körper, eigentlich hätte ich sie nicht küssen dürfen. Alle Ärzte drehten sich herum – und ich tat es. Hatten sie doch auch alle feuchte Augen bei diesem Anblick bekommen. Diesen Kuß spüre ich noch heute auf meinen Lippen!

Lisas Schmerzen wurden so stark, daß das Schmerzmittel in Zäpfchenform nicht mehr ausreichte. Sie bekam jetzt Morphium.

Als Lisa nicht mehr so stark strahlte, fuhr ich sie jeden Tag mit dem »Buggy« zur »Cintigraphie«. Am ersten Tag sagte Lisa, sie wolle ein Stiefmütterchen pflücken. Ich stand mit ihr vor einem Beet, und sie suchte sich eins aus. Es war ein gelbes. Sie liebte Blumen über alles. Sie hielt es ganz fest in ihrer Hand, auf dem ganzen Weg. Wieder in ihrem Zimmer angekommen, fragte ich sie, wer das Stiefmütterchen denn bekommen solle. Lisa sagte: »Meine Lieblingsschwester hier«. Sie schenkte es ihr, mit dem Ausdruck im Gesicht, ja nicht zu vergessen, daß es etwas Besonderes sei.

Am nächsten Tag wollte sie ein weißes, »das«, sagte sie, »bekomme ich selbst, weil ich so große Schmerzen habe«. Am darauffolgenden Tag war es ein blaues, das schenkte sie unserer Taxifahrerin, die uns zufällig besuchte. Als nächstes wollte sie ein rotes, das bekam ich. Ich trocknete es und habe es heute noch. Am letzten Tag wollte sie wieder ein weißes, »das«, sagte sie, »bringe ich dem lieben Gott mit«.

Da erschrak ich wieder, Lisa schien die Hoffnung verloren zu haben.

Nach Ostern sollten wir erst mal ein paar Tage nach Hause gehen, um uns etwas zu erholen.

Am Gründonnerstagmorgen kam der Arzt und meinte, es würde auch gehen, wenn wir heute schon entlassen würden. Wir waren außer uns vor Freude. Endlich heim.

Ich fragte, was Lisa sich denn vom Osterhasen wünschen würde; ich hatte zwar viele Ideen, was ich ihr schenken könnte, wollte sie aber selber fragen.

Lisa hatte einen speziellen Wunsch: »Mama, bitte pflanzt mir einen Kirschbaum auf die Wiese vor der Balkontür, so daß ich ihn von der Tür aus immer sehen kann. Mama, das ist alles, kannst du das?« Ich sagte, daß ich es versuchen würde, aber wegen der bevorstehenden Feiertage die Zeit knapp sei, ihn zu besorgen.

Ich begriff nicht, wie ein Kind von drei Jahren einen solchen Wunsch haben konnte. Andere Kinder hätten sich vielleicht ein Dreirad, Knete oder ein Spiel gewünscht.

Ich rief meine Eltern an und bat sie, für mich den Kirschbaum zu besorgen. Danach rief ich unsere »Taxifreunde« an, daß sie uns abholen könnten. Auch sie freuten sich sehr, daß wir endlich entlassen wurden.

Als wir gegen Mittag nach Hause fuhren, mußte ich immer an den Kirschbaum denken – und an die Untersuchungsergebnisse, die uns ab Mitte nächster Woche vorliegen würden.

Aber nun war Ostern, und ich freute mich, nach so langer Zeit endlich wieder eine Familie zu sein, alle zusammen.

Am Morgen des Karfreitags fuhr ich zu meinen Eltern, um Sarah abzuholen und sie wieder in meine Arme nehmen zu können, ich hatte solche Sehnsucht nach ihr.

Als ich ankam, war die Aufregung groß. Und wieder hatten wir Pech: Sarah bekam, den Krankheitssymptomen nach, Windpocken. Es wäre für Lisa ein zu großes Risiko gewesen, wenn ich Sarah mit nach Hause genommen hätte. Hatte Lisa doch kaum mehr Abwehrkräfte und ihre Blutwerte waren schlecht. Also mußte ich wieder alleine nach Hause fahren.

Wir weinten alle sehr und waren enttäuscht, weil wir uns doch alles so schön vorgestellt hatten. Aber irgendwie hatte ich das Gefühl, wir wären wie die Königskinder: Wir konnten einander nicht finden. Es war immer etwas da, was uns trennen mußte.

Als ich wieder alleine nach Hause kam, war Lisa sehr traurig und weinte, sie hatte so große Sehnsucht nach ihrer Schwester. Ich versuchte, Lisa zu erklären, daß es zu gefährlich sei, wenn sie sich jetzt mit Windpocken anstecken würde. Sie sagte daraufhin: »Na und?«

Ich besorgte uns noch ein paar Birkenzweige, Forsythie und Kirsche für einen Osterstrauß und dachte dabei, daß sie sich damit etwas ablenken könnte. »Lisa, schmückst du bitte den Osterstrauß?« Sie meinte: »Mama, wie soll ich das denn machen, ich kann doch nicht mehr laufen?« »Ich bring' den Strauß zu dir an die Couch und helfe dir. Du wirst sehen, es wird schon gehen«, sagte ich. Ich versuchte, ihr immer Mut zu machen, und war froh um jede Lösung, die ich erfand, um ihr etwas zu erleichtern. So schmückte sie also den Osterstrauß, mit vielen bunten Sachen, und ich drehte die Vase immer so, daß Lisa gut dran kam. Ich hätte ihr stundenlang zusehen können, mit welch einer Muse sie das machte.

Wir stellten den Strauß so, daß sie ihn gut sehen konnte, und sie war glücklich, es geschafft zu haben. Vor Erschöpfung schlief sie daraufhin ein.

In der Zeit, in der Lisa schlief, fuhr ich wieder zu meinen Eltern, um wenigstens noch etwas Zeit mit Sarah an diesem Tag verbringen zu können. Sarah freute sich, daß ich nochmals kam, aber die Stimmung war getrübt, da sie so gerne mit nach Hause gegangen wäre.

Am Morgen des Ostersonntags brachten meine Eltern den Kirschbaum, den Lisa sich so sehr gewünscht hatte. Lisa kroch zur Balkontür und schaute zu, wie Stephan ihn mit viel Liebe einpflanzte. Sie freute sich so sehr und meinte, die Kirschen würde sie alle ganz alleine aufessen. Und tatsächlich trug der Kirschbaum bald eine Blüte, aus der eine Kirsche wurde.

Meine Eltern brachten auch einen Mond aus Ton mit, den wir zu dem Baum steckten, wir bauten noch ein Beet um den Kirschbaum herum, das ich liebevoll bepflanzte. Es sah alles sehr schön aus und strahlte irgendwie ruhig. Es war, als wollte Lisa mit dem Kirschbaum ein Zeichen setzen. Ich dachte an Martin Luther: »Wenn ich wüßte, daß morgen die Welt untergeht, würde ich heute noch ein Apfelbäumchen pflanzen.«

Ob Lisa auch so dachte?

Die Ergebnisse der Untersuchung zeigten, daß der Tumor weiter gewachsen war und den Knochen im Bein so zerstörte, daß sich sogar die Knochenhaut ablöste.

Wir verließen die Klinik und gingen wieder in die Ambulanz,

dort war die Stimmung sehr betrübt, hatten doch die Ärzte alle mit uns gehofft. So meinte unser Arzt: »Wir machen nochmal ein normales Röntgenbild«, was sie dann auch gleich taten.

Nach einer Weile rief die Röntgenabteilung an, unser Arzt solle gleich mal hinüberkommen. Ich wurde unruhig. Er kam zurück und meinte, »es ist nicht zu glauben!« Ich fragte sofort nach, was denn los wäre. Da zeigte er mir das Röntgenbild. Lisa hatte dreimal das Bein gebrochen – einmal am Schenkelhals und zweimal über dem Knie. Ich brach innerlich zusammen. Hatte es denn noch immer nicht gereicht?

Lisa kam in die Orthopädie, in der sie einen Becken-Bein-Gips bekam. Die Schmerzen schienen etwas erträglicher zu werden, aber auf das Morphium konnten wir nicht mehr verzichten.

Nach drei Wochen verließ ich in Absprache mit den Ärzten die Orthopädie, konnte Lisa doch zu Hause genausogut leben. Ich eignete mir in der ganzen Zeit von Lisas Krankheit einige medizinische Kenntnisse an. So konnte ich Lisa auch gut selbst versorgen und wußte, worauf es ankam.

Lisas Blutwerte waren schlecht, so daß sie Thrombozyten und Blut brauchte. Wir organisierten alles und gingen nach Hause. Zwei Tage später waren wir auf der Ambulanz, um die Blutkonserve in ihren geschwächten Körper einlaufen zu lassen. Da bemerkte ich plötzlich eine Beule an Lisas Kopf, auch Lisas Auge trat aus dem Gesicht, und ich verlangte nach einem Arzt. Es dauerte alles so lange, ich war nervös und abgespannt. Gegen Nachmittag kamen dann endlich zwei Ärzte. »Der Tumor sitzt jetzt auch im Kopf, und wir wollen Lisa noch eine Chemotherapie geben«, sagte einer der beiden.

Ich konnte es nicht glauben. Es war immer noch nicht genug. Es kam also immer noch härter. Mir fiel der Spruch ein: »Der Herr lädt einem nur so viel auf, wie man tragen kann.«

Aber die Lasten, die unsere Schultern tragen mußten, waren schon fast zu schwer. Wir hatten keine Wahl, mußten also noch eine Chemotherapie machen, damit der Tumor nicht das Auge herausdrückte und die Schädelknochen brach.

Wir gingen zwei Tage später wieder »auf Station« und ließen alles über Lisa und uns ergehen. Das einzige, was wir tun konnten, war, sie zu lieben, und das taten wir, und zwar über unsere Kräfte hinaus.

Ich sprach noch einmal mit den Ärzten und erklärte, daß ich glaubte, daß sie noch eine weitere Chemotherapie wohl nicht mehr verkraften würde, und sie meinten, das wäre allerdings möglich. Ich hatte eine große Bitte: Ich wollte Lisa mit nach Hause nehmen. Die zweite war: Ich wollte sie nicht verbluten sehen. Hatte doch in meinen Augen das Knochenmark gar keine Chance mehr – und Lisa erst recht nicht!

Ich wußte zuviel von Krankheit, Tod und Elend. Wir hatten noch ein Gespräch mit dem Psychologen. Er meinte, daß Lisa noch ihren vierten Geburtstag erleben würde und dann nach dem Sommer mit den Vögeln ziehen würde ... Ich wurde zornig, war außer mir. Was wußte er schon von Lisa und mir? Und ich sagte: »Wir haben kaum mehr drei Wochen«.

Lisa und ich waren eins, wußten wir doch, daß wir uns körperlich trennen mußten, und so bereiteten wir uns darauf vor. Wir gingen nach Hause, dort fühlte sie sich doch am wohlsten. Wir legten Lisa im Wohnzimmer auf die Couch, dort wo sie immer am liebsten lag, unter dem Fenster. Sie konnte uns von dort aus sehen und hören und konnte am Leben teilnehmen.

Sie erlebte unseren Besuch mit und die Telefongespräche und war so mittendrin im Geschehen. Sie wurde allmählich immer passiver, doch war ich mir sicher, daß sie mit ihren Gedanken und Gefühlen bei uns war, so wie wir bei ihr.

So richteten wir uns auf Lisas Tod ein.

Wir gestalteten ein kleines Faltblatt. Auf die Vorderseite malten wir einen Kirschbaum mit einer Kirsche, daneben den Mond und einen Stern. Auf die erste Innenseite schrieb ich ein Gedicht von mir und auf die zweite Innenseite die Trauerschrift. Die Rückseite nahmen wir für das Lied von Reinhard Mey: »Alles ist gut, mein Kind«.

Unser Pfarrer photokopierte das Heftchen mehrfach, und wir malten jede einzelne Kirsche und ein Blatt vom Kirschbaum bunt an, mit einer solchen Geduld, die ich bis heute nicht verstehen, begreifen kann.

Wir besprachen mit unserem Pfarrer die Beerdigung und wie alles gestaltet werden sollte. Es war, wenn es auch sehr seltsam klingt, als würden wir ein Fest vorbereiten, das sehr feierlich sein sollte: nämlich der Übergang vom Leben auf der Erde zu Gott im Himmel. Dorthin, wo Lisa keine Schmerzen mehr hat, dorthin, wo keine tollwütige Ratte mehr in ihrem Bein sitzt.

Für mich ist es ein großer Trost, daß für Lisa die Zeit bis zu unserem Wiedersehen vielleicht nur ein Augenzwinkern sein wird. Ich glaube, es gibt nichts Schlimmeres, als zuzusehen, wie das eigene Kind stirbt und wie machtlos und ohnmächtig man dabei ist. Möge niemand glauben, daß es mir leicht fällt, das so zu schreiben, aber es hilft mir, und ich bin froh, daß ich es kann. Macht es mich doch frei.

So lag sie auf der Couch, dort, wo sie geborgen war, dort, wo wir uns nicht aus den Augen verlieren konnten. Das war unser Nest, ihre *Mupfelhöhle*.

Ich rief Lisas Kinderarzt an und auch unseren Pfarrer. Sie unterstützten mich in der letzten Zeit sehr. War es doch schon manchmal genug, bloß einfach nicht alleine zu sein. Auch eine Caritas-Schwester besuchte uns täglich. Wir alle wußten, was vor uns lag, und keiner konnte es begreifen. Ich ließ Lisa nicht allein, und sie auch mich nicht. Ich versorgte sie fortan selber, ich spritzte ihr selbst das Morphium und tat überhaupt alles, was sie sich wünschte, und wir waren eins und glücklich.

Jeder, der uns in dieser Zeit nahe stand, liebte Lisa auf seine Art. Unser Pfarrer brachte uns ein großes Geschenk, es war für uns sehr wertvoll – die Osterkerze von 1993, waren wir doch damals glücklicher als je zuvor. Wußten wir doch damals schon, daß das Böse uns drohte, aber das Leben auf unserer Seite stand. Wir steckten die Kerze an und ließen sie nicht mehr ausgehen. Der Tisch vor der Couch war geschmückt und machte den Eindruck eines Altars, er war übersät mit Blumen und mittendrin stand die Kerze.

Lisa hatte fast unerträgliche Schmerzen im Bein und sagte zu mir: »Mama, der Gips muß weg«, ich solle den Kinderarzt anrufen und ihm sagen, daß sie auf ihn wartet. Ich rief an und wiederholte Lisas Bitte. Der Kinderarzt kam und brachte den Orthopäden mit all seinem Besteck mit. Es war so viel Ehrfurcht im Raum, daß man kaum Luft holen konnte. Der Arzt weinte, konnte er doch genausowenig verstehen wie wir, daß ein Kind so leiden mußte. Er befreite Lisa von ihrem Gips, und es ging ein Raunen durch den Raum. Er schiente es fachmännisch, dann war Lisa frei, es war wegen des Wundseins auch höchste Zeit gewesen.

Bei uns war jeden Tag etwas los, und das Haus war voller Freunde, die zu uns standen. Wir unterhielten uns, aßen und taten so, als wäre kein Grund zur Traurigkeit, und waren doch alle tief getroffen. Nach eineinhalb Wochen begann Lisa zu bluten, ich rief in der Klinik in Frankfurt an und bat um Blutkonserven und Thrombozyten. Am nächsten Tag kam Lisas Lieblingsarzt und brachte außer den Konserven noch ein Geschenk mit. Es war das kleine schwarze Telefon, das er früher an seinem Kittel trug, es klingelte, und Lisa lachte kurz. Er blieb so lange, bis die Konserven durchgelaufen waren, es dauerte rund fünf Stunden. Drei Tage später brauchte Lisa erneut Blut, ihr kleiner Körper war am Ende. Nur noch der tapfere Lebenswille war ihr geblieben. Wieder kam ein Arzt aus Frankfurt und gab ihr die Konserve, es sollte die letzte sein.

VI

Es war ein Samstagmorgen, der 21. Mai, ich wollte hinausgehen, bekam aber die Tür nicht mehr auf, und ich wußte, daß es Lisas letzter Tag sein würde. Ich setzte mich zu ihr und nahm die Bibel in die Hand. Plötzlich hielt ich inne und dachte an einen Traum, den ich zwei Wochen zuvor hatte:

Ich stand auf einer Pferdekoppel, die mit einem elektrischen Zaun umzäunt war. Ich kniete auf der Wiese und schrie Gott an: »Wenn du mir schon das Liebste genommen hast, was ich besitze, dann zeig' mir wenigstens, wo mein Kind jetzt ist, sonst halte ich es nicht aus!« Da kamen zwei schwarze Pferde von draußen auf die Koppel zugaloppiert, aber ich hatte keine Angst, obwohl ich nur knapp zwei Meter vor dem Zaun kniete. Als die Pferde den Zaun berührten, gab es so etwas wie einen Blitzschlag, die Pferde waren verschwunden, und der Himmel ging auf. Er leuchtete in roten Farben, gelb, orange, rot und lila. In der Mitte war ein Schiff. Eigentlich sah es aus wie ein Segelschiff aus früheren Zeiten. Es war aus Holz. Auf diesem Schiff waren unzählige Menschen, und in der Mitte an einem Mast stand Lisa. Alle Menschen lachten, auch Lisa. Sie winkte mir zu.

Das war der Traum von einem besseren Leben, und ich wußte nun, als ich hier so saß mit der Bibel in der Hand, daß es Zeit war und daß ich Lisa loslassen mußte – für immer.

Auch Lisas Kirschbaum ließ die einzige Kirsche fallen, die er für sie getragen hatte. Auch er mußte sich dem Schicksal fügen.

Ich schlug unwillkürlich die Bibel auf und hatte Psalm 102–103 aufgeschlagen, ich begann laut zu lesen, und dort stand es auch, daß ich Lisa nun freigeben und daß Gott sie nun aufnehmen soll: »Herr, höre mein Gebet und laß mein Schreien zu dir kommen ...«

Lisa fing gegen Mittag an, Blut zu brechen, so daß sie fast keine Luft mehr bekam, und sie starrte mich mit einem Auge an, als wenn sie rufen wollte: »Ich liebe dich, hilf mir!«

Ich versuchte, Ruhe zu bewahren, soweit ich dazu fähig war. Ich sagte zu meinem Mann: »Mach' bitte die Musik an, Reinhard Mey, ›Das Apfelbäumchen‹«. Hatten wir das doch in der letzten Zeit ganz ausschließlich gehört, es gab uns und Lisa Kraft. »Dann zieh' bitte eine Spritze Morphium auf und ruf' unseren Kinderarzt an.« Lisa beruhigte sich und hielt mich so fest, daß ich kaum Luft bekam.

Nach 20 Minuten kam unser Kinderarzt und spritzte ihr ein Mittel gegen das Brechen. Ich schaute ihn an und sagte: »Jetzt läuft sie voll, voll Blut«. Er nickte.

Ich fing wieder an zu beten, erst zu Gott: »So, nun ist es soweit, lieber Gott, ich gebe sie dir in deine Hände und verdammt nochmal, nun nimm sie auch.« Und zu Lisa sprach ich: »Ich laß' dich jetzt gehen, der liebe Gott fängt dich auf, laß dich fallen in seine Hände, er hat dich genauso lieb wie ich. Hör' jetzt auf zu kämpfen, Lisa.«

Lisa richtete sich auf und schaute mich an. »Nein, Mama, nur noch ein bißchen, Mama.«

Ich schaute dem Kinderarzt in die Augen. »Haben Sie so etwas schon mal erlebt? Das gibt es doch nicht, ich laß' sie gehen – und sie sagt in ihrem sturen Kopf *nein*!«

Lisa der helle Wahnsinn.

Am Abend, gegen 17.00 Uhr, verließ der Kinderarzt unser Haus, ich legte mich neben Lisa und schlief ein. Um 18.30 Uhr weckte mich mein Mann und sagte, Lisa habe Schmerzen, und ich solle ihr nun doch Morphium spritzen. Ich stand auf, sah Lisa an und sagte: »Ich liebe dich«, und ging aus der Tür.

Die Schwester und mein Mann konnten das nicht verstehen. Aber ich, ich mußte gehen, damit mein Kind endlich sterben konnte, und um 18.45 Uhr, mit dem Glockengeläut der Kirche, schlief sie ein, und der unendlich scheinende Kampf ging zu Ende. Sie starb in den Armen meines Mannes, und sie drückte seine Hände bis zum Schluß.

Mein Mann rief unseren Kinderarzt an – und ich unseren Pfarrer, er möge die Glocken so laut läuten lassen, daß man sie auch oben im Himmel hört. Alle kamen in unser Haus, und jeder wollte sich auf seine Art und Weise verabschieden.

Unser Taxiunternehmen, das uns die ganze Zeit begleitete, hatte auch noch nebenbei ein Beerdigungsinstitut, war aber in Ferien, und keiner sollte unser Kind beerdigen, der es nicht auch geliebt hatte. So mußten wir warten bis zum nächsten Tag, um Lisa einsargen zu lassen, und so konnte doch jeder nochmal Abschied nehmen von einem für uns alle außergewöhnlichen Kind.

Die folgende Nacht schlief ich so, wie ich es in den drei Wochen davor auch tat, neben ihr. Gegen Mitternacht fing Lisa an, aus ihrem toten Körper zu bluten, und ich verbrachte die Nacht damit, sie zu säubern. Hatte ich sie doch schon mal gewaschen und angezogen, aber sie hörte nicht auf zu bluten – und ich nicht, sie abzuwaschen. Am Morgen übernahm es mein Mann, das Blut abzuwischen, bis auch er nicht mehr konnte.

Dann kamen unsere Freunde nach und nach ins Haus, und jeder trug seinen Teil dazu bei, daß sie etwas Würdiges war, so wie sie da lag.

Als der Bestatter bei uns ankam, bekam ich plötzlich so viel Kraft, wie nie in meinem Leben zuvor. Der Sarg stand leer vor mir, und ich dachte an meine Versprechen, die ich meinem über alles geliebten Kind gegeben hatte. Ich nahm ihre grüne Lieblingskuscheldecke und legte den Sarg damit aus, legte sie selbst hinein und deckte sie mit der Decke zu. Mein Mann pflückte im Garten ihre Lieblingsblumen, und wir gaben sie ihr in die Hand. Sarah brachte ihr ihren Lieblingsbär in den Sarg, wir legten ihren Nuckel an ihre Seite und einen kleinen Igel. Unter dem Kopf hatte sie ein kleines Kissen in Form eines Mondes, das sie über alles liebte. Ich machte die Kassette an von Reinhard Mey, »Alles ist gut, mein Kind«. Wir standen alle neben dem Sarg und hörten dem Lied lautlos zu, es war Ehrfurcht, die ich empfand. Ehrfurcht vor dem Leben.

Nun kam unser Pfarrer, und ich bat ihn nochmals, zusammen mit uns zu beten. Als wir gebetet hatten, gaben ich und mein Mann unserem Kind den letzten Kuß.

Dann wollte der Bestatter den Deckel schließen, doch plötzlich sagte ich: »Das machen wir selber«. Mein Mann und ich hoben den Deckel auf den Sarg und schraubten ihn zu. Dann hoben wir ihn an, trugen ihn aus dem Haus, und ich schob ihn in das Leichenauto. Jetzt hatte ich mein Versprechen eingelöst! Wir winkten ihr hinterher, bis wir sie nicht mehr sahen. Oh mein Gott, wie lieben wir sie – und dürfen sie nicht behalten. Ich hätte alles für sie gegeben, aber wir hatten keine Chance.

Unsere Freunde verließen uns nicht, sie blieben bis zum späten Abend bei uns. Die erste Nacht war ein Alptraum, und wir wünschten uns, wieder aufzuwachen, endlich aufzuwachen, aber wir taten es nicht.

Am Pfingstdienstag sollte die Beerdigung sein. Ich hatte keine Kraft mehr, ich zitterte und bekam keine Luft mehr, aber ich wollte keine Beruhigungsmittel, ich wollte meinen Schmerz ausleben dürfen, denn ich mußte weiterleben.

Um 14.00 Uhr sollte die Beerdigung sein. Gegen 11.00 Uhr gingen wir alle, nacheinander, uns umzuziehen. Keiner von uns mußte überlegen, was er anziehen sollte, und keiner machte dem anderen Vorschriften. Sarah zog ein schwarzes Kleid an mit lilafarbenem Kragen und Ärmelbündchen. Sie meinte, Lisa gefiele das Kleid am besten. Mein Mann zog seine braune Lederhose an und das weiße Staudenhemd. Lisa lachte immer sehr, wenn er die Hose anhatte, sie meinte, darin sehe er aus wie ein Clown-Mann. Ich zog eine seidene, dunkelbunte Bluse an – sie sagte immer, in der würde ich toll aussehen, eine schwarze Jeans und die weißen Turnschuhe, auf die Lisa Lachgesichter draufgemalt hatte.

Als wir uns dann ansahen, wie wir alle drei uns angezogen hatten, mußten wir fast ein bißchen schmunzeln, hatte doch jeder Kleider an, die Lisa an uns liebte, jeden auf seine Art! Als dann gegen 13.00 Uhr alle Trauergäste versammelt waren, fragten uns manche, ob wir uns jetzt nicht umziehen wollten; wir erwiderten nur, wir seien angezogen. Da kam ein Entsetzen in ihren Gesichtern auf.

Was haben sie verstanden? Von Lisa, von uns, von unserem Leben? Es war keine Beerdigung für die Zuschauer, sondern die Beerdigung von unserem Kind, das alles verstanden hat. Es hatte auch nichts mit Mut zu tun, sondern einfach nur mit Liebe. So gingen wir zum Friedhof, ihren Körper zu beerdigen, der mehr als geschunden war, aber nicht ihre Seele, denn die wird alle Zeit bei uns sein.

Wir halten fest am Augenblick,
nicht nach vorn,
nicht zurück,
Hand in Hand,
Schritt für Schritt,
links ist Abgrund,
rechts ist Abgrund,
und am Ende steht
das Licht.

Wir hatten einen Gitarrenspieler unter uns, der Lisas Lieblingslied von Reinhard Mey spielte, »Alles ist gut, mein Kind«, und unser Pfarrer predigte mit unseren Worten und mit unseren Gedanken und Träumen und von Gott. Er war und ist ein Freund und ließ es zu, daß es allein Lisas Beerdigung wurde, die Feier für ein kleines, großes, würdiges Leben. Wir waren getrost, daß wir alles getan hatten, um ein kleines Leben zu retten, aber es auch gehen lassen konnten, um ihres Friedens willen.

Wir gingen alle zu uns nach Hause. Wir saßen bis spät abends zusammen, erzählten von Lisas Leben und wie sie es lebte, so voller Kraft.

Wir sind unermeßlich traurig, sie verloren zu haben. Aber wir sind doch auch sehr stolz, so ein Kind gehabt zu haben, das es verstand, die Herzen der Menschen zu öffnen. Die ihre Liebe auf den Händen trug und es vermochte, sie weiterzugeben und zu verschenken. Wir verspüren den Reichtum, den wir alle verloren haben, täglich.

Wir vermissen sie sehr. Die Sehnsucht wird mit jedem Tag stärker. Die Zeit heilt Wunden? Dieser Satz stimmt nicht ganz, man lernt eher mit der Zeit, mit dem Verlust umzugehen. Schmerzlich ist er jeden Tag. Wer mag es uns verdenken, es manchmal hinauszuschreien?

Im Schneesturm unserer Herzen,
ringen nach Licht und Luft,
nicht aufhören zu gehen,
keinen Blick zurück,
dich zu begleiten auf deinen Wegen,
egal wie lange und wohin,
bei aller Vernunft,
hat man doch das Gefühl,

schreien zu müssen,
ganz laut nach Sinn und Gerechtigkeit,
obwohl weder das eine
noch das andere
zu begreifen ist.

Wir gestalteten Lisas Grab so, als wäre es ihr Garten, mit allen Steinen, Blumen, Muscheln, kleinen Zweigen, Vögeln, Igeln und allem, was sie liebte. Und mit dem Wichtigsten noch: dem Mond; im Moment sind es wohl sechs davon. Der Mond, ihr Freund, der in der Nacht gelb ist und am Tag weiß und der sie, wie sie sagte, nie alleine läßt.

Jeden Abend, wenn wir den Mond sehen, winken wir ihm zu und rufen wie sie: »Hallo Freund.«

Auch Lisa hat ihr Versprechen gehalten. Einen Tag nach ihrer Beerdigung stand ich morgens an ihrem Grab und weinte. In diesem Moment wurde mir ganz sonderbar, ich hatte das Gefühl, es käme etwas auf mich zu. Ich schaute nach oben, da flog er einen Meter über mir: ein Fischreiher. Ich schrie: »Ich liebe dich auch ganz doll«, ich hob meine zehn Finger, »so viel!«

Als ich nach Hause kam, konnte ich es fast nicht glauben. Unsere Liebe ist stärker als der Tod. Der Fischreiher fliegt für uns seit Lisas Tod über das Haus, fast täglich. Für manche ist das Phantasterei, für uns bedeutet es, daß sie sagt: »Ich liebe euch«! Und wir rufen ihr zu: »Wir dich auch«.

VI

Ein Dankeschön an alle, die uns in dieser schweren Zeit begleitet haben und unsere Freunde wurden und geblieben sind:

Wir sagen Danke, daß Ihr uns so genommen habt, wie wir sind.

Wir sagen Danke, daß Euch kein Weg zu weit und keine Mühe zu groß war.

Wir sagen Danke, daß Ihr unsere Tränen versucht habt zu trocknen oder sie einfach habt laufenlassen.

Wir sagen Danke, daß wir bei Euch zu Hause sein durften.

Wir sagen Danke, daß wir Menschen getroffen haben, die Menschen sind.

Wir sagen Danke, daß wir Euch kennenlernen durften.

Wir sagen Danke für die vielen Hände, die wir drücken durften und die unsere gedrückt haben.

Wir sagen Danke, daß wir nicht alleine waren.

Nun eine Bitte,
vergeßt uns nicht!
Wir haben Euch lieb,
seid Ihr doch ein Teil in unserem
wichtigsten Lebensabschnitt.

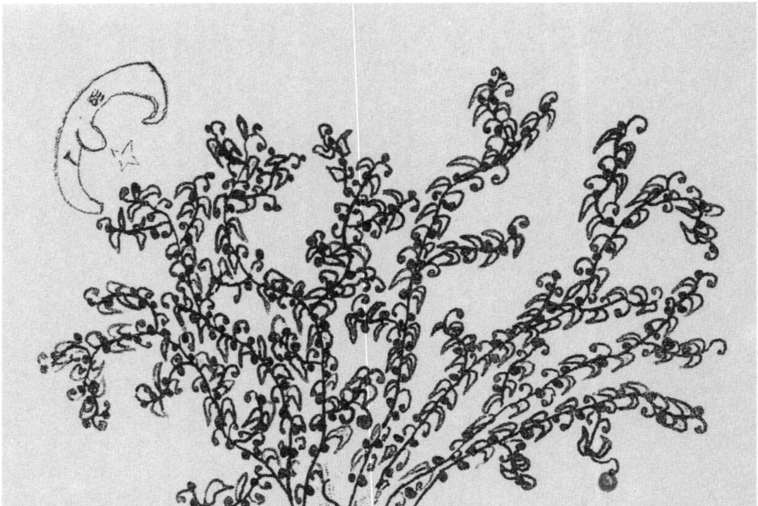
Wir halten fest
am Augenblick,
nicht nach vorn
nicht zurück,
Hand in Hand,
Schritt für
Schritt und
am Ende steht
das Licht.
Lisa-
Marie

Liebe – stärker als der Tod

In meinem Arbeitszimmer, über dem Stehpult und gegenüber dem Kreuz an der Wand, hängt ihr Bild: das Bild eines Mädchens, sprechende und ein bißchen traurige Augen, volle Backen, ein Stück Kuchen in der Hand und vor sich Teller mit Kuchen.

Lisa-Marie Böhm
geboren am 12. August 1990
getauft am 30. September 1990
gestorben am 21. Mai 1994
beerdigt am 24. Mai 1994

Es ist, als ob sie mit ihren Augen mich ansieht – mit den Augen, die ihre Geschichte erzählen. Manchmal, wenn Menschen in diesem Zimmer sitzen, kommt die Frage: »Ist das eines Ihrer Kinder?« Ich antworte: »Nein.« Und stocke doch dabei: sie ist mir vertraut wie eines meiner Kinder, mit ihrem Lachen und Weinen, ihrem praktischen Sinn und ihren Hilflosigkeiten. Sie hat mich beeindruckt: mit ihrer Offenheit und Entschiedenheit, mit ihrem Mut und ihrem Glauben.

Als wir einmal vor dem Fernseher auf dem Boden lagen und sie Nintendo spielte und mich dann dazu bewegte, es auch einmal zu versuchen – da versagte ich kläglich. Sie sagte nichts und schaltete das Gerät aus. Ich versuchte, in ihren Augen zu lesen – diesen Augen eines todkranken Kindes, das doch kein Kind mehr war. Ich meinte zu lesen: »Du als Pfarrer mußt das nicht können!« Ich stockte.

Was aber müßte ich dann »als Pfarrer« können? Was muß einer können, der von Berufs wegen und als ein doch eigentlich Fremder teilhat an Leben und Sterben, an Kampf und Niederlage, an Lachen und Weinen, an Hoffnung und tiefer Verzweiflung? Auch an Wut und Ohnmacht dem unzeitigen Tod gegenüber? Ich denke: er darf nicht ein Fremder bleiben. Er muß versuchen, dabei zu bleiben – und nicht wegzulaufen in die Geschäftigkeit und Geschwätzigkeit des Alltags. Er muß versuchen, der Klage und der Hoffnung das Ohr zu öffnen und ihnen Worte zu geben. Zeichen der Nähe zu setzen – auch ohne Worte. Wie schwer ist das – gerade bei einem Kind, das ja doch auch das eigene sein könnte. Bei einem Kind, bei dem »die Uhr des Lebens gegen die Zeit läuft«.

Oft ist mir da in den Sinn gekommen, was der Apostel Paulus einer Gemeinde geschrieben hat:

> *»Die brüderliche Liebe untereinander sei herzlich. Seid fröhlich in Hoffnung, geduldig in Trübsal, beharrlich im Gebet. Freut euch mit den Fröhlichen und weint mit den Weinenden.«* (Römerbrief, Kapitel 12, Vers 10 und folgende)

Ich denke an die Begegnungen, die langen Telefongespräche – oft noch in der Nacht. Ich denke an die bangen Fragen. Was wird uns jetzt noch wieder zugemutet? Wie wird es sein?

Vor uns liegt das Buch einer Mutter. Sie läßt uns teilhaben an dem Weg, den sie gegangen ist und den sie mit ihrem Kind gegangen ist. Sie läßt uns teilhaben an ihren Hoffnungen und Verzweiflungen, ihren Gewißheiten und ihren Fragen. In ihren Gedichten hat sie Worte gefunden, die mich immer wieder anrühren.

Und sie hat ihren Glauben zur Sprache gebracht. Nicht einen Glauben des Katechismus und der Lehrsätze und der starken Worte. Er ist erkämpft und gewachsen – stark geworden, wie die Liebe. Was könnte ein Satz des Glaubens schon sagen, wenn er nicht durch das Feuer der Hoffnung und der Verzweiflung gegangen wäre? Wenn er nicht seine Wahrheit aus sich heraus spürbar werden ließe?

»Der Herr erscheint in seiner Herrlichkeit.
Er wendet sich zum Gebet der Verlassenen
und verschmäht ihr Gebet nicht.
Denn er schaut vom Himmel auf die Erde,
daß er das Seufzen der Gefangenen höre
und losmache die Kinder des Todes.« (aus Psalm 102)

Mag sein, daß wir in unseren Hoffnungsträumen das sehen, was wir als Christen erwarten: das »Leben der kommenden Welt«. Nicht daß wir damit dem Leben und Sterben dieser Welt entfliehen wollten – sondern uns ihm zuwenden, es gestalten und aushalten. Ja, wenn es sein muß, das Leben loslassen in der Gewißheit, daß es aufgefangen wird: von den Händen Gottes, die es halten in Zeit und Ewigkeit.

Unter dem Kreuz Jesu kann man hören, wie Jesus seinen Jünger Johannes seiner Mutter anvertraut und seine Mutter dem Johannes. Und schließlich:

»Es ist vollbracht.« (Johannes-Evangelium)

Da hat die Trauer ihr Recht. Da hat die Zuwendung zum Leben ihr Recht. Da hat auch der Glaube sein Recht, der durch das Dunkel von Krankheit und Tod das Licht sehen kann.

Als wir von Lisa-Marie auf dem Friedhof Abschied nahmen, habe ich an ihren Taufspruch erinnert:

»Wie köstlich ist deine Güte, Gott, daß Menschenkinder unter dem Schatten deiner Flügel Zuflucht haben!« (Psalm 36, Vers 8)

Und einen weiteren Vers aus dem gleichen Psalm habe ich hinzugefügt:

»Denn bei dir ist die Quelle des Lebens und in deinem Lichte sehen wir das Licht.« (Vers 10)

Bis zu einer solchen Erkenntnis kann es ein langer Weg sein. Aber er kann zum Ziel kommen.

Lisa-Marie hatte es nicht verdient, »gepflückt zu werden wie eine Blume«. Sie hatte es verdient, um ihr Leben zu kämpfen. Sie hatte es verdient, bei ihr zu bleiben – auf dem Weg in das tiefe Tal. Sie hatte es verdient, sie blühen zu sehen in ihrer Art. Sie hatte es verdient, in ihrer Liebe zu bleiben. Zu antworten, wenn sie rief. Ihren Willen zu achten. Sie hatte es verdient, sie im Licht zu sehen. Und dann doch den Weg aus dem Tal auf die Höhe zu gehen, wo sie sicher ist. Ganz anders, als wir es uns erhofft hatten. Und als diese Hoffnung starb – da mußten wir uns fügen. Da mußten wir sie loslassen. Dieses Geschenk aus der Hand Gottes, uns anvertraut für nur kurze – so kurze – und doch lange Zeit. Wir geben sie zurück in Gottes Hand. Nicht ohne durch sie reicher geworden zu sein. Die Liebe wird bleiben. Sie wird stärker sein als der Tod. Auch wenn wir nicht verstehen.

Lisa-Marie hat uns die Augen geöffnet: für das Wunder des Lebens, für das Leben um uns herum. Und für all das, was durch sie für uns zum Zeichen werden kann. Sie läßt uns ein Vermächtnis: Bewahrt das Leben in all seiner Gestalt! Dieses bedrohte, so empfindsame, so gefährdete Leben. Bewahrt es in der Liebe!

Der Mutter bin ich für das Buch dankbar. Es mag den Blick öffnen. Es mag teilhaben lassen an Glaube, Hoffnung und Liebe. Es mag für alle, die mit auf dem Weg waren, die Erinnerung wachhalten – und anderen, die es lesen, zu Herzen gehen: denn nur mit dem Herzen sieht man, was Glaube, Hoffnung und Liebe vermögen.

Pfarrer Manfred Knieper, Neuhof

»Wie und woran mißt man den Wert eines Lebens? Kann man ihn messen?« Rahel Bieger, mukoviszidosekranke Studentin.

Monika Quack-Klemm, Andreas Kersting-Wilmsmeyer und Michael Klemm (Hrsg.)

Lebenskandidaten.

»Wir lassen uns nicht begraben, ehe wir tot sind.«

Grenzerfahrungen und Alltägliches von jungen Menschen mit Krankheit und Behinderung.

2. überarb. Aufl.
219 S., mit zahlr. Abb., kt.,
ISBN 3-89308-164-X
12,95 DM (Sonderausgabe)

Attempto Verlag
Tübingen

Dieses Buch »Lebenskandidaten« gibt die Erfahrungswelt, das Lebensgefühl junger schwerkranker oder schwerbehinderter Menschen wieder: keine mitleidheischende, keine weinerliche, sondern eine bewegende, gehörig aufrüttelnde Sammlung mit Bildern, Berichten, Gedichten, Geschichten, Gesprächen, Reflexionen – und eine authentische Auseinandersetzung mit »lebenswertem Leben«.

»Lachen trotz Krebs, trotz Mukoviszidose? Scherzen trotz Behinderung, trotz psychischer Krankheit? Lebensfreude auch bei Schmerzen Tag ein, Tag aus? (...) Nicht wir müssen die Kinder ermutigen: die Kinder ermutigen uns.« *Kinderheilkunde*

»Eine unschätzbare Hilfe gerade für Pflegende.« *Kinderkrankenschwester*

»Lebenskandidaten: ein Buch, das unter die Haut geht.« *Die Lebenshilfe Zeitung*

Die Deutsche Bibliothek – CIP-Einheitsaufnahme

Mackwitz-Böhm, Susanne: Als letztes stirbt die Hoffnung : Lisas kurzes grosses Leben / Susanne Mackwitz-Böhm. Mit einem Vorw. von Bärbel Bertram und einem Nachw. von Manfred Knieper. –
Tübingen : Attempto-Verl., 1996
(Attempto Lebenswege)
ISBN 3-89308-243-3

Die Autorin und der Verlag bedanken sich herzlich bei den folgenden Privatpersonen und Firmen für die freundlich-großzügige Hilfe zum Erscheinen dieses Buches: bei Dr. Richard Baum, Frankfurt a. M., Gabriele Garms, Fulda, Karin und Reiner Greiff, Nürnberg, Uwe Heinsch, Flieden, der Firma Ha-Ra Metzger GmbH in Reutlingen, der Firma Böhringer GmbH in Ingelheim, der Firma CIS-Diagnostik GmbH in Dreieich.

Zwei Mark Erlös pro Buch kommen dem Elternverein ›Hilfe für krebskranke Kinder e. V. Frankfurt‹ zugute.

Lektorat: Hubert Klöpfer, Tübingen. – Umschlag: Ute Osterwalder, Seeheim-Jugenheim. – Satz: Klaus Meyer, Tübingen. Druck: Druckerei Maier, Rottenburg.